他们翻译了
汉译名著

陈菁霞 著

商务印书馆
The Commercial Press

图书在版编目(CIP)数据

他们翻译了汉译名著 / 陈菁霞著. -- 北京：商务印书馆, 2025. -- ISBN 978-7-100-24624-8

Ⅰ. K815.55

中国国家版本馆 CIP 数据核字第 20248YL486 号

权利保留，侵权必究。

他们翻译了汉译名著

陈菁霞 著

商 务 印 书 馆 出 版
（北京王府井大街36号 邮政编码100710）
商 务 印 书 馆 发 行
北京市白帆印务有限公司印刷
ISBN 978-7-100-24624-8

2025年3月第1版　　开本 850×1168 1/32
2025年3月北京第1次印刷　印张 7½
定价：42.00元

自　　序

呈现在读者面前的这32篇访谈文章是我2019年夏天至2024年上半年就"汉译世界学术名著丛书"译者所做系列访谈的结集。细算下来，这些访谈因疫情原因断断续续持续了近四年的时间。其间，我像所有人一样，经历了孩子居家学习、出行不便等难熬的阶段。这些之于我工作的影响，一是时间精力受限，再就是我一贯坚持的当面采访也面临重重障碍。

大概是2019年六七月间，商务印书馆提出，希望联合《中华读书报》开设"汉译世界学术名著丛书"译者访谈专栏，意在向读者展示"汉译名著"译者的一些鲜为人知的经历、故事以及翻译过程中的艰辛和繁难。"汉译名著"丛书精选世界范围内不同学科领域的经典，代表了一个时代的学术高度和思想高度，对于中国几代学者的学术成长和精神滋养功不可没。所以在和时任商务印书馆学术出版中心主任李霞老师初步沟通后，我对这一系列访谈的初衷深表赞同，自此接手这一专栏的采写工作。起初，我对这个系列的访谈最终呈现出的样态心里并没有底，毕竟，这套丛书所涉猎的学科众多，且为传世经典之作，中译本的译者也多为各个学科领域的名家大家，自己能力和水平有限，能否做出预期的效果，心里很忐忑。

在商务提供的"汉译名著"书目中，我选了时年 92 岁的寿纪瑜先生作为这一系列访谈的开篇。2019 年 8 月的某天下午，我按照约定的时间前往位于首师大家属区的寿先生家中。令我惊讶和感动的是，电梯门一开，就看见身材瘦小的寿先生站在那儿等我，等我进门坐下，又端来提前准备好的酸奶和西瓜为我解暑。采访过程中，除了回顾当年自己接手翻译《法兰克人史》和《盎格鲁-撒克逊编年史》这两本书的背景及过程外，她反复提及的是，在长达 30 年的时间里，为了书中（《法兰克人史》）关于宗教仪式中圣餐"bread"的准确译法，她想尽一切办法查证和核实。说实话，刚开始那会儿听着对方为"bread"到底该译成"面包"还是"面饼"这个貌似很小的问题长时间地"絮叨"时，我多少有些不耐烦之感，觉得这种琐碎的细节问题读者未必会感兴趣。但当我最终听下来，之前那种不耐烦的心理逐渐消退，代之而起的是震动和感动。实际情况是，随着寿先生的反复叙说，我的心中也渐渐地有了明晰的写作思路和框架，甚至于连标题都想好了，这就是后来见报时用的"寿纪瑜：为一个小问题，我查了整整 30 年"。公号推送后，有很多读者留言表达感动，对比眼下的量产化翻译，慨叹寿先生"精雕细琢地去搞学术著作翻译"的精神。当年，这篇访谈还获评 2019 年度光明日报社好文章奖。

人们常说记者见多识广，能说会道。应该说这种说法部分上符合事实，毕竟记者接触的人和涉猎的领域较多，但其缺点也显而易见，那就是没有专业积累，没有持续地深入。因为这种职业特点，每次在联系"汉译名著"译者访谈前，我都会上网大量搜罗被访者的相关信息，其中包括被访者的学术发展历程、学术代表作及核心观点，其所译"汉译名著"的主要内容和观点，原作者的背景情况，以及该"汉译名著"在相关学科领域的影响，等等。往往在我做了上述功课之后，被访对象又可能因各种原因不能在短时间内完成采访，等到约定的时间前夕，为了能和对方顺畅地交流，更为了能听明白和理解被访者所谈的内容，我还得再重温一遍这些资料，并将一些核心信息做成笔记随身携带。有了事先给对方发去的采访提纲和这些关键词提示，采访过程中，才能做到自己的思路不会被对方带偏。甚至有时候，因为某本"汉译名著"的作者姓名特别长或拗口，且书中主要内容和观点难以记住，去采访的路上，还时不时地拿出纸片看上几眼。那情形，真有点类似即将进入考场的考生，唯恐漏记某个知识点而影响考试成绩。采访结束，在整理录音的过程中，遇到被访者谈到的某个自己不熟悉的人名或知识点，我仍然需要随时上网搜索，这些补充的信息有时未必会体现在采访稿中，但这些琐细的工作有助于我对采访对象和所谈话题有更为深入和透彻的了解。实际上，哪怕是补充一两句这些搜罗所得的材料，也可能会有益于扩展文稿的深度和广度。

印象深刻的是 2021 年夏天采访张祥龙老师的经历。除了对张老师大名的仰慕之外，他翻译的那本《精神的婚恋》也是吸引我做这次采访的一大缘由。《精神的婚恋》是 14 世纪比利时学者吕斯布鲁克的基督教神秘体验论代表作，涉及很多历史和宗教方面的知识。约定采访的前几天，我除了重温译著本身相关的知识点外，还搜到了张老师纪念其哲学启蒙老师贺麟先生的文章，其间流露出来的才气和情怀令人感动。后来在采访中，我才得知这本书对张老师的学术发展意义重大。"翻译这本书在我学术生涯中有画龙点睛的作用，现象学也好，中国哲学也好，我别的东西都学了很多，讲了很多，但总觉得意犹未尽，未尽在哪？就是最终极最原发的那个东西，没有讲出来。从现象学和中国哲学里，我所体验的那些思想，还是没有点到这个'睛'。""起码是跟我追求的学术理想中的一个很重要的维度呼应起来了，它激发我去理解中国哲学中神秘体验的向度。"那天张老师谈得特别多，从他手中拿着的写得密密麻麻的几页纸来看，他为这次的采访做了充分的准备。而我作为一名记者，能有机会听张老师聊起自己早年的学术经历，也借此次采访，让更多的读者了解其学术发展的进路和轨迹，并延伸至当下的最新思考，心里颇有一些小小的成就感。

随着这一系列访谈的进行和深入，每次采访，除了对象本身，我会根据不同学科领域延伸话题，力图呈现该学科在中国的发展历程。此外，我还试图在访谈中去捕捉被访者的（学术）关切点，在采访对象对往事的回叙中，感知时代对个体学术生涯及人生命运的影响。具体而言，我希望能够以小见大，为读者呈现译者个人的学术生命史和所在学科的发展历程。初心如此，实际效果如何则要由读者来评判。如果一定要为这本薄薄的访谈录做一个价值判断的话，除了上述谈及的呈现名著背后的名家名译的经历和故事、展示相关学科的发展历程之外，这些被访者对于学术的不懈探求以及对于中国原创学术的推进和发展亦让人为之动容。要而言之，这是思想和精神的力量，它们值得被更多的人了解、认知,并且一代代传承下去。

记得李霞老师在一篇梳理"汉译世界学术名著丛书"出版史的文章中曾说到,凝聚了几代出版人心血的这套丛书也成为中国出版界的骄傲。这一奠基性的西学译介工程成为出版界对中国社会和学术的重要贡献。正是这套标志性品牌图书,确立了商务印书馆在当代学术界和出版界的声誉和地位。如今,这项曾被胡乔木同志赞许为"对我国学术文化有基本建设意义的重大工程",已被列为国家重点出版项目。截至 2024 年,丛书出版至一千种。庞大的体量背后,凝结的是几代学者(译者)和出版人的心血。从这个意义上来说,这本访谈录或许有其价值和意义。

关于本书的书名,在我举棋不定之际,李霞老师建议我采用《中华读书报》公号推送时的专栏名称"他们翻译了汉译名著",既凸显了该书主题,文字上也有冲击力,我当即表示同意。而"他们翻译了汉译名著",是这一系列专栏开启之初,《中华读书报》原总编辑王玮老师费心拟就的。感谢李、王二位师长和商务众多编辑朋友及本报同仁的帮助和支持。同时,我也要感谢每一位接受我采访的译者,作为国内相关领域的大家、名家,他们对译著的讲述拓宽了我的知识边界,而他们的学术发展和人生历程,更是让我得到无尽的精神滋养。为此,我要感谢商务印书馆,感谢这一系列专栏给予我不断学习和提升自己的机会。

2024 年 8 月 21 日

目 录

1. 寿纪瑜：为一个小问题，我查了整整 30 年 …………………… 1
2. 孙周兴：翻译是一件严肃又好玩的事 ……………………………… 6
3. 许明龙：译书难，重译经典最难 …………………………………… 11
4. 吴模信：布罗代尔夫人对我的帮助，此生难忘 ………………… 17
5. 方福前：汝果欲学译，工夫在译外 ……………………………… 22
6. 米　健：翻译是译者和作者跨越时空的灵魂对话 ……………… 29
7. 张卜天：在中国科学史界，哥白尼形象从未被刷新过 ……… 35
8. 郑　戈：凡不能怀着激情去做的事情，都是没有意义的 …… 41
9. 洪汉鼎：我们今天为什么需要"汉译世界学术名著" ………… 48
10. 梁治平：法律与宗教实是人类经验的两个方面 ……………… 58
11. 王　宇：我希望将更多的世界经济学名著介绍给中国读者 … 65
12. 晏绍祥：翻译一本书比写一本书贡献更大 …………………… 71
13. 鲁旭东：学术翻译对 20 世纪中国文化的影响 ………………… 77
14. 韩水法：学术经典翻译对我的学术生涯具有基础性意义 …… 84
15. 王荫庭：习四门外语，毕生俄译名著四百万言 ……………… 92
16. 蔡运龙：借他山之石，打开地理学理论宝库的大门 ………… 100
17. 张祥龙：它激发我去理解中国哲学中神秘体验的向度 …… 106
18. 蓝　琪：《草原帝国》为我揭开中亚的神秘面纱 ……………114

19. 郑永流：译事之难，犹如一仆之侍二主 …………………… 121
20. 汉　喆：翻译是"真诚的背叛" …………………………… 128
21. 张维佳　田飞洋：今天，我们应在全球大视野下研究
　　东亚语言 …………………………………………………… 135
22. 左大培：这本译著是我近20年学习和研究的"副产品" … 143
23. 黄燎宇：翻译《艺术社会史》是一项浩大的"拆建工程" …… 152
24. 高建平：《艺术即经验》推动了当代中国美学的发展 ……… 159
25. 姚小平：洪堡特是我考察中西语言学史的一大起点 ……… 167
26. 杨春学：李斯特对我更重要的影响是他的精神形象 ……… 175
27. 周流溪：继续完成吕叔湘先生未竟的事业 ………………… 183
28. 李秉勤：中国的社会政策，要学习西方经典，更要寻找
　　自己的方向 ………………………………………………… 190
29. 徐家玲：以郭守田先生为榜样，甘当"垫脚石" …………… 197
30. 廖申白：会通中希伦理学思想的源头活水 ………………… 205
31. 邵　宏：我们要对重译有一个开放愉快的心态 …………… 213
32. 一篇未完成的采访稿——纪念任允正先生 ………………… 220

1. 寿纪瑜：
为一个小问题，我查了整整30年

1956年，奉老师齐思和先生之命，寿纪瑜节译了《法兰克人史》中的部分章节，两年后，这些节译的内容冠以《中世纪初期的西欧》之名，收入杨人楩主编的《世界史资料丛刊》中。而这也成为寿纪瑜与商务印书馆几十年缘分的开端。时隔半个世纪，现年92岁的寿纪瑜已记不清具体是哪年参与商务"汉译名著"的翻译工作，她只记得"商务12年规划翻译的经典著作'汉译名著'的名单确定下来，历史方面就有《法兰克人史》，我很快把这本书定了。为什么？我已经翻了节译本，我要不定的话，我节译的部分也就作废了"。

"得益于1956年'双百'方针的提出，知识界研究空气开始升温，译介西方学术著作的需求也提到日程上来。1958年，商务印书馆出版任务被确定为'以翻译外国的哲学、社会科学方面的学术著作为主，并出版中外文的语文辞书'……在1958—1966年的八年中，商务出版外国哲学、社会科学翻译著作，属于名著范围的有395种。另外商务还储存下了400种译稿作为选题的'水库'。形成了中华人民共和国成立以来第一个译介世界学术

寿纪瑜

名著的高潮。"商务印书馆学术出版中心主任李霞关于"汉译名著"出版历程的这段描述,成为寿纪瑜接手《法兰克人史》翻译工作的契机和时代背景。

活是接下来了,可实际上,翻译的进程却很慢。当时,寿纪瑜所在单位人民教育出版社的工作非常忙,另外一重原因还在于,《法兰克人史》涉及的古代宗教问题非常烦琐复杂,很多问题很难搞清。1960年,寿纪瑜下放到河南,翻译工作一度搁置起来。这种情况下,丈夫戚国淦利用晚上的时间也帮着翻译了部分内容。"翻了几章以后,他也不管了,后来补齐、收摊的事全是我干的,一遍一遍地对原文。"1981年,《法兰克人史》出版面世,此时距离寿纪瑜与商务签下这本法国史学名著的翻译合同,已过去了23年。而另一本英国史著作《盎格鲁-撒克逊编年史》的翻译,也历经近20年的时间。

《法兰克人史》1981年第一次出版,后来不断重印。"这几十年我一直在查找书里的问题,有些问题我也搞不清,老在查,这几十年我都下不了决心要不要改,有的问题一直到30年后我才查出一个结果来,一有重印机会我就改一次,最近我不会改了,我总算把这个问题解决了。"寿纪瑜提到的问题中,其中一个是关于宗教仪式中圣餐"bread"的译法。按照常规的理解,寿纪瑜译成"面包","我也没想到还要翻成别的。而且书里面有个人是做面包的,也提到面团需要发酵"。有一次她参加一个相关的学术会议,有人在发言中说天主教是用面饼,基督教用的叫面包。"宗教方面我一点都不懂,全书好几十处'bread'都翻成了'面包'。我就急得不得了,那时候书出没出我也忘了,万一我改错了不就全错了吗?也没敢随便改,到处查也没查着。都一千多年以前的事情了,人家外国人不写这方面的介绍文章,更没人研究那时候圣餐吃什么的问题。"

"bread"到底该译成"面包"还是"面饼",为这个看似很小的问题,寿纪瑜查了整整30年。"只要去图书馆我就查,有时候是专门去查,有时候是在查别的问题时顺便查。有时候甚至是瞎查,工具书架上大部头的宗教和历史书一本一本地翻。"某次,寿纪瑜偶然在一堆工具书里看到一套《天主教百科全书》,她查"圣餐"词条,依然是没有结果,而在"bread"词条中,她终于找到了自己一直以来想看的内容:1054年东西教会分裂,新旧教分家,而在11世纪中期以前,西方都是吃发面的面点。当时居民生活水平普遍较低,圣餐中不可能有不发面的面点。"有了这个根据,我也不管它说得对不对,就把有关的注释改了,并说明是根据什么而来的。"

除了"bread"到底该译成"面包"还是"面饼"这样的冷僻问题,寿纪瑜最怕的是外文里的一词多义。"外文表达没有问题,比如'cousin',中国可以是表兄妹、表兄弟、堂兄妹、堂兄弟。像'uncle'这种,管你什么关系,外国就这一个词,中国可以是伯父,又可以是叔父,又可以是舅父,又可以是姨父,又可以是姑父,起码有五个。这种不知道中文该怎么译,你总不能瞎说一个。"

碰到这种情况,寿纪瑜又是"查得要命"。毕竟,一些内容涉及的人物并不都是历史名人,一些相关的书里也不会写到他们。一次翻译中,原文中说一个女人跟另外一个女人是"half-sister"——同父异母或者同母异父的姐妹;可是在中文里,就得确定到底是同父异母还是同母异父的姐妹。"我也是查了一大堆书,查了多少年。她们的父亲不是够入百科全书单独列条的那种人物,虽然大百科全书里有他的祖先,可他自己没有功业,就没有给他单列条,就算单列条目也不见得会列出人物的家庭关系。"没有办法,她在注释里注明是异母(异父)姐妹,周全一些,以免出错。后来,在两部不同的世系表里,寿纪瑜忽然看到这"half-sister"父亲的名字,两个表里父亲的名字不一样,由此她判断她们是同母异父。书修订再版时,寿纪瑜将这一条改过来了。"之前我在注释里画括弧也是不得已。像这种问题我最怕了,你得负责任,不能瞎翻。"其实,对于像"half-sister"这样的情况,寿纪瑜也并非没有自己的解决办法。她的对策是译成"半亲姊妹",为这个她查了很多词典,想看看有没有"半亲"这个词,一看都没有,她也不敢随意使用新词。

寿纪瑜理想中的译者,首先是外文过关,其次是中文通顺,另外还必须具备一定的专业知识。"说实话,这方面我也做得很不够。"说这句话的时候,这位92岁的老人一脸诚恳。"我外语也学过,历史也学过,外语还是解放以前学的,本科,后来研究生上的历史系，可是那时候已经解放了，运动比较多，学校里好多要改革，所以那几年其实没怎么很好地坐下来研究。"百度百科中，输入寿纪瑜的名字，会看到以下介绍：1949年毕业于燕京大学西语系，1952年毕业于燕京大学历史系研究院。历任人民教育出版社编辑。曾在浙江师范大学教书（寿纪瑜说此处不确，实际应为曾在安徽师范大学短暂工作，仍是编书，并未教课）。丈夫戚国淦也是著名翻译家。实际上，翻译家身份之外，戚国淦还是学界享有盛名的历史学者，曾师从邓之诚、洪业、齐思和、翁独健等名家，系统研习中外历史。而在"戚国淦"的词条里，也会看到以下这句：妻子寿纪瑜也是英语翻译家。

"我就是下点笨功夫，谈不上精到。"对译文的质量，寿纪瑜认为应该对读者负责，一本书译完，她一般会拿原著对上起码四五遍。她所翻译的《法兰克人史》和《盎格鲁-撒克逊编年史》被收入"汉译名著"系列。"商务的这个系列涵盖不同学科，都是西方经典名著，从学术的角度来看，它的翻译出版，确实能提高中国的学术水平，而且这些著作，西方大国也都有成套的译本，中国也应该有那么一套。"

（原载《中华读书报》2019年8月28日第20版）

寿纪瑜，1927年生，曾就读于燕京大学西语系和历史系研究院，其后基本上在人民教育出版社任职，参与编辑世界历史、英语教材和相关参考书。翻译的"汉译名著"作品有《法兰克人史》（合译）和《盎格鲁-撒克逊编年史》。

2. 孙周兴：
翻译是一件严肃又好玩的事

"商务印书馆的'汉译名著'系列已成学术界最大的品牌，对中国当代文化的意义不用我多说。当今汉语常用词汇的译词比例极高，据说达到90%以上，完全可以说现代汉语文化是一种'翻译文化'，就此而言，翻译对现代汉语和汉语文化具有关键的塑造作用。我只是觉得我们做得还不够多不够好。"大概五六年前，孙周兴曾写过一篇小文章，建议把"汉译名著"系列扩大到2000种左右。显然，对译者的意见，商务很重视。如今，"汉译名著"已从几年前的300种左右扩充到700多种。

迄今为止，自认为"做得还不够多不够好"的孙周兴有8种译著被收入"汉译名著"系列，包括尼采的《悲剧的诞生》和《权力意志》，海德格尔的《林中路》《路标》《在通向语言的途中》《尼采》《面向思的事情》（合译）和《哲学论稿（从本有而来）》。其中《权力意志》和《尼采》都是上下两卷本，均有百万汉字的篇幅。因为这些成绩，孙周兴说自己应该是商务"汉译名著"系列的"积极参与者"。

和很多译者不同，孙周兴最初翻译海德格尔作品时，并不是

2. 孙周兴：翻译是一件严肃又好玩的事

孙周兴

为了出版，而是因为写博士论文需要精读海氏作品，阅读过程中觉得文本有趣，就索性把《林中路》《路标》《在通向语言的途中》几个主要文本译了出来。既然译了，他就干脆继续加工修订，上世纪90年代在台湾出了繁体字版，随后在大陆出了简体字版。

"翻译和研究是一体的，或者说，翻译就是精读。"在孙周兴这里，翻译还是一件既严肃又好玩的事。翻译工作要求严格，虽然他不完全同意鲁迅的"硬译"主张，但基本上也倾向于认为，学术翻译的第一原则是力求字面对应，或者以他的说法，就是"字面义优先原则"。"许多学术翻译上甚至学术上的争执起于对字面义与解释义不作区分。比如同一个词，不同哲学家可能会有不同的赋义和解释，如果我们贸然采取解释义，那么我们就只好一家一译，把同一个词弄成好几个译名，这就乱了套。既然要以字面义优先（这也许又是一个不可能的要求），译者的工作就必须是严肃认真的，字字句句要细细研磨，不得随意发挥。就此而言,翻译肯定是一份'苦差'。"

除了严肃和好玩,孙周兴眼里的翻译还是一个"体力活"。1999年下半年,他刚到德国波恩,白天要去歌德学院上课,晚上翻译海德格尔两卷本的《尼采》,顺手的时候每天能译五六千字。那时候年轻,体力好,不怕累,腰不酸背不痛,孙周兴说,要放到现在就不可能这样干了。

孙周兴记忆中最犯难的翻译,是海德格尔的《哲学论稿(从本有而来)》,在这本被他称为"20世纪最神秘的哲学书"中,海德格尔造了很多德语词,也给不少德语词重新赋义。无奈之下,他在翻译过程中,不得不"生造"了一些新的汉词,比如"本有"(Ereignis)、"谋制"(Machen-schaft)、"迷移"(Berücken),等等。"这本书是够折腾的。好在汉语组词能力强大,'生造'是可能的。"

从事学术工作30多年,孙周兴感觉到自己的思想、语言和文气也在随时间发生变化。"老实说,我现在最不愿意看自己年轻时写的东西。不过自我感觉也不一定对。我曾经把自己以前的一篇文章改写了,但有一位老朋友看到,说还不如以前的呢。就译事来说,虽然我没做过重译的事,但好些译本都经过了程度不同的修订,比如《面向思的事情》修订译本,我做的改动就特别大,前两年出版的海德格尔《什么叫思想?》中译本,初译稿是根据英文版做的,因为版权问题未解决,放在电脑里一直未能出版,后来根据德文版重新翻译,感觉以前译得很不好。"译无止境,世上没有完美的译本。"对于学术翻译事业来说,重要的是要有正常的、善意的批评,指出失误和错讹,提出改进的建议,以便形成更好的译本。"

学术在进步,译者的队伍也在扩大。现在的年轻学者从小就有机会读书,成年后又有机会去国外访学,孙周兴很看好他们。他的意见是,对一些专业的研究者来说,如果只为研究,完全可以只读原著而不读译著。随着整体研究的深入,学术翻译的专业化是必然趋势,没有深入的研究,便不可能有成熟的翻译。现在一些国外经典著作已经出现了多个汉语译本,这是好事,值得提倡。不过他也发现一种情况:一些学者一边读着译著,利用现有译著来撰写研究论文和著作,但一边只标识外文原著的文献信息,仿佛是要表明自己的外语有多好,自己有多么高明多么原创。"这种情况显然也属于学术不端行为,虽然经常是隐性的。后果是什么呢?我们看到的是学术界不断重复的讨论,人人都装成'第一次'。这对学术的进展是不利的。"孙周兴说,无论翻译还是研究,目标是一致的,都是要为母语学术和母语文化做贡献,因此,尊重母语学术语境是学者的基本素养,这当然也包括对已经化入母语语境里的学术译作的重视。

回首几十年的翻译生涯,无论是早期为准备学位论文而做的文献积累,还是后来为了所谓"课题"而做的属于所承担的科研项目的海德格尔译著和尼采译著,孙周兴坚持的原则是:只做自己觉得好玩有趣的东西。说起翻译对自己学术研究的影响,他认为首先是在文字表达方面。"翻译是一种严苛的工作,译者不但需要懂外语,更需要有良好的母语语感;翻译过程可以说是两门语言之间的不断撕扯和反复确认,语言上的考验是十分严峻的,这样的工作时间长了,当然会影响译者的母语表达能力,使译者形成比较精准和比较稳重的写作风格。哪怕我翻译的尼采和海德格尔的著作多半不是严格哲学的文本，我仍然愿意认为，翻译对我的表达风格有十分重要的影响。"另一方面，正如他所强调的，翻译是一种精读，这种精读对于学术研究来说是一项基础性的工作。尤其是他翻译的13种"汉译名著"，属于尼采和海德格尔的代表作，它们构成了他学术研究和思考的重要背景。

（原载《中华读书报》2019年9月18日第7版）

孙周兴，浙江大学教授，浙江大学图书馆馆长。翻译的"汉译名著"作品有《荷尔德林诗的阐释》《林中路》《路标》《在通向语言的途中》《尼采》《演讲与论文集》《什么叫思想？》《面向思的事情》《哲学论稿》《悲剧的诞生》《快乐的科学》《查拉图斯特拉如是说》和《权力意志》。

3. 许明龙：
译书难，重译经典最难

"我退休之后开始为商务印书馆打工,先后翻译了《蒙塔尤》《圣路易》《论法的精神》《莱茵河》等9种,加上已经交稿、不久将要出版的《孟德斯鸠杂文选》,恰好10种,历时约20年,其中大多数已列入'汉译名著'系列。"退休前,许明龙在中国社会科学院世界历史研究所工作,主要学术专长为法国史。没有接受过翻译专业训练,在翻译过程中仅凭直觉,他对自己的要求是四个字:"达意""传神"。"达意"就是把作者的原意准确地用汉语表达出来,而"传神"就是尽力把隐藏在文字后面的作者的好恶和情趣表达出来。

法国驻华使馆设立的傅雷翻译奖,将译作分为两类,一为文学翻译,一为人文社科翻译。在许明龙看来,这种分类大体上是恰当的,虽然同样是将外文作品翻译成中文,但文学翻译确实与人文社科翻译不尽相同,前者给译者提供的自由度比较大,而后者给译者提供的自由度则小得多。"然而,人文社科翻译与文学翻译绝非泾渭分明,尤其是离不开叙事的史学著作翻译。比如,我与马胜利先生合译的《蒙塔尤》和我独译的《罗芒狂欢节》,都以叙事为主要手段,作者不但以第一人称讲故事,而且往往还有故事中人物的许多对话。这种社科著作

许明龙

就与文学作品比较接近了。更为典型的则是孟德斯鸠的《波斯人信札》,我们向来都把它称作'书信体小说',归类为文学作品,其实,孟氏在此书中常常大发议论,内容涉及政治、经济、法律等诸多领域,就此而言,此书应归类为社科著作。"

读者对文学翻译的臧否,大多限于译得好不好,其中包括译文是否通顺,文字是否优美,风格是否与原作一致或相近。读者对人文社科翻译的评价标准则略有不同,位居第一的要求是"对不对",或者说"准不准"。人文社科书籍基本上都以阐发思想和理论为要务,既没有引人入胜的情节,通常也不太讲究文字的优美。"我的一些译作,特别是《论法的精神》有幸得到许多读者的评论,不少读者毫不客气地指出我的误译,我深表感激。然而,从这些批评中我也发现,不同身份的读者,对译文的要求往往不尽相同。普通读者希望译文通顺易懂,让阅读成为一种享受。专业读者往往不大在乎译文的流畅与否,他们要求的是准确,绝对忠实于原文,为此宁可牺牲译文的可读性,也许这是因为法律讲究严谨。若是依照这类读者的要求,那就不能一句一句译,更不能一段一段译,而只能一字一字译。对他们而言,因此而造成的译文生涩并不是问题,因为,法律最讲究严谨,他们会以专业知识弥补甚至抵消译文的粗陋。"读到此类评论时,许明龙不免心存疑惑:这样的译文能为更多的读者所接受吗?显然,这种现象不会发生在文学翻译中。

这些年,许明龙重译了孟德斯鸠的全部已出版汉译著作:《论法的精神》《罗马盛衰原因论》和《波斯人信札》。他的体会是:译书难,译名著更难,译经典尤其难,重译经典最难。已有的译本流传多年,大多已被读者普遍接受,况且,这些已出版名著的译者并非等闲之辈。《论法的精神》的译者是著名学者张雁深,在他之前更有严复的《法意》,这都是难以翻越的高山。《波斯人信札》的译文则出自鼎鼎大名的法国文学专家罗大冈先生笔下。常言道,有千年的著作,没有千年的译作,不但不同时代有不同的文风,而且正如杨绛先生所说,没有从不出错的译者。重译孟德斯鸠著作的理由正是这两点。既要重译,就必须有所前进,哪怕只是一点点,否则岂不是画虎不成反类犬?主观愿望虽如此,客观效果则未必。《论法的精神》新译本虽然得到多数读者首肯,但也有人指斥,以许译取代张译,是商务的一大败笔。

许明龙要为自己辩解的是,他对孟德斯鸠三部著作的重译,确实下了很大功夫,付出了诚实的劳动。每处改动都经过再三斟酌,绝非随意为之。试举一例,张雁深将"honneur"译作"荣誉",而严复则译作"荣宠"。两位先辈都不错,然而能否更好一点呢?许明龙在仔细认真研读原文的基础上,不是简单地一刀切,而是视场合而异,把"honneur"时而译作"荣宠",时而译作"荣誉"。其理由是,孟德斯鸠在论述君主政体时写道:"在君主国里,'honneur'指导一切行为和思想方法。"获得荣誉的原因和途径多种多样，而荣宠却只能来自君主。正是出于这样的考虑，在孟德斯鸠论述君主政体的章节中，他把"honneur"译作"荣宠"，而在其他场合，尤其是在与君主政体无关的章节里，他把"honneur"译作"荣誉"。至于原文中的复数形式"honneurs"，则大多译作"赏赐"。

"重译的更大困难在于对作者本意的判读，一个句子，一段文字，不同的译者常常有不同的理解。遇到已出版译本与我的理解不同时，尤其难以下定决心改动前人的译文。每逢此时，总是反反复复研读原文，仔仔细细推敲斟酌，绝不敢轻易落笔。"想要改动的或许只是一个句子，但为此必须研读的却是这个句子所在的整个段落乃至章节，因为一个句子不是孤立的，它所要表达的意思只有通过上下文才能准确把握。至于译文的风格，许明龙采用的是当代的汉语白话文，力求表达得准确和清楚。"我所追求的目标，是让没有专业知识的普通读者，一遍即可读懂，无须反复阅读同一句或同一段。"

毋庸置疑，人文社科翻译要求译者具备专业知识，然而，具备专业知识的专家不一定个个都精通外语，更不一定个个都是翻译高手。在许明龙看来，外语水平、翻译技巧和专业知识是对人文社科翻译家的三大要求。"我在这三方面都有较大欠缺，相比之下，专业知识方面的问题更大。我不但因外国史知识不足而误译，即便涉及中国史，也出现过明显的错误。"比如，《圣路易》第一章提到了成吉思汗，说他origine是蓝色的狼，作者勒高夫在这里是引用一部法文辞书中的相关叙述，而这部辞书中的这句话则译自中国的古籍《蒙古秘史》，原意是成吉思汗的祖先是蓝色的狼。"我没有读过《蒙古秘史》,对成吉思汗的了解也仅限于皮毛,于是未多加思考,望文生义之下,把这句话译成了'成吉思汗原本是一只蓝色的狼'。"看到读者网上的批评后,他立即请教元史专家陈高华先生,陈先生对读者的指正给予肯定。"我方知因自己无知而犯了大错,在此书再次印刷时改正了误译。"

翻译过程也是学习的过程。在许明龙看来,翻译过程中对原著研读的精细程度,是通常的阅读无法比拟的,因而在较大程度上加深了对原作的理解。翻译了同一作者的多部著作之后,对这位作者的思想和理论的理解有一种近乎质的飞跃。"我过去对孟德斯鸠的研究主要是他对中国的评论以及这些评论的依据。重译了他的三部主要著作后,对他有了比较全面的了解,不再孤立地解读他的法学、哲学、政治、经济等思想和理论,而是把这些看成一个整体,从多个角度,而且彼此互有联系地认识这位启蒙思想家。在某种意义上,原先在我眼里的一个可敬而不可亲的平面人物,变成了一个有血有肉的立体人物。"

四十余年前,许明龙进修英文时的一篇作业——海伦·凯勒的《给我三天光明》,被老师推荐给《英语学习》刊出。令他惊讶的是,这篇短短的习作竟然博得许多佳评,不但被收入《英语名作佳译赏析》一书,而且还被教授翻译理论的老师引为范本。许明龙说,自己在做这份作业时,根本不懂任何翻译理论,不曾考虑过应用何种翻译技巧,唯一的考虑是如何用上好的汉语,表达这位闻名于世的盲人作家的想法和情感。"按理说,我的法文水平远超英文,受到赞扬的怎么反而是英文译作呢?我反复思考,答案或许应该从工作态度而不是翻译理论中去寻找:我在完成这篇习作时,态度极其认真,花费的心思和时间特别多,真正做到了慢工出细活,为的是不让老师失望。"由此他想到,做好翻译工作,必须具备各种必要的能力,然而,能力并不能保障必然成功,更重要的是译者的态度。是否不放过任何一个疑问,不以自己的昏昏糊弄读者,而是精益求精,始终把对得起作者、对得起读者放在心上,这才是根本。

(原载《中华读书报》2019年9月25日第7版)

许明龙(1936—2023),中国社会科学院世界历史研究所研究员,毕生专攻法国史。翻译的"汉译名著"作品有《蒙塔尤:1294—1324年奥西克坦尼的一个山村》(与马胜利合译)、《罗芒狂欢节》《莱茵河:历史、神话和现实》和《圣路易》(全两卷)。

4. 吴模信：
布罗代尔夫人对我的帮助，此生难忘

1977年，49岁的南京大学外文系法语教师吴模信应商务印书馆之约，与人合作从法文原文翻译《傅立叶选集》（第一卷）。虽然早已知道傅立叶其人的空想社会主义是马克思主义的三个来源之一，但他对这一主义空想些什么却毫无所知。等书译完，吴模信方知这一主义真是充满奇思妙想，眼界为之大开。翻译过程中，吴模信曾建议将书中的"法郎吉""情欲谢利叶"等词改为意译，但大概是因为这些译法已经约定俗成，未获编辑采纳。

1979年，《傅立叶选集》（第一卷）出版。此后，吴模信又独译或与人合译了"汉译世界学术名著丛书"中的以下几本：《路易十四时代》（〔法〕伏尔泰著，1982年6月出版）、《地中海与菲利普二世时代的地中海世界》（第二卷）（〔法〕费尔南·布罗代尔著，1996年12月出版）、《风俗论》（中册）（〔法〕伏尔泰著，1997年5月出版）。

"要译好学术著作，必须外文、中文俱佳，而且知识广博，尤其对所译学科要有较深的了解。不如此则译文是不可能既'信'又'达'的（当然译别的书籍也是如此）。"谈到翻译的心得和

吴模信

体会时,吴模信特别强调,时下有关翻译理论和翻译方法的书籍五花八门、林林总总,他的意见是,读一些也有助益,可扩大视野,可在翻译时参考,但切忌囿于一家之言,尤其不应奉某些条条框框为金科玉律,觅绳自缚。

吴模信参与翻译的《地中海与菲利普二世时代的地中海世界》(第二卷),是当代著名法国历史学家费尔南·布罗代尔的著作,这部现代史学界年鉴派的代表作博大精深,洋洋130万余言(包括第一卷和第二卷),行文所及,涉及法文、英文、意大利文、德文、西班牙文、加泰罗尼亚文等多种文字的原始档案和大量著述,知识面极广,翻译起来困难重重。这些困难中,一部分是语言方面的,另一些则属于知识方面,其中一些问题,他查遍了他所在的南京大学的所有有关辞书都无法解决。"我向我的同事——一对在南大教授法语的法籍夫妇——请教。他们非常热心,对我书面提出的疑难一一做了书面解答。我看了这些解答,觉得其中一些语焉不详,不能令我充分信服。而这些疑难又往往是关键所在。可是我此时在国内能在哪里找到一个既精通法语又熟谙欧洲史的人向他请教呢?我真是大为犯难、一筹莫展。"幸好不久后,商务印书馆一位编辑向吴模信建议:布

4. 吴模信：布罗代尔夫人对我的帮助，此生难忘

罗代尔的夫人也是一位历史学家，尚健在，不妨写信向她请教。他采纳了这个建议，立刻通过出版这部著作的巴黎阿尔芒·科兰出版社与布罗代尔夫人取得了联系。她欣然应允予其帮助。吴模信先后两次给她寄去自己翻译过程中遇到的疑难，大大小小一百多个。"我在提出这些疑难的同时，也提出我对这些疑难的理解。如她认为我的理解正确，请她打'√'，如否，请她在纸页上留下的空白处写下她的答案。这位法国老太太真是热心之至，我每次寄去疑难，她都及时、认真、详细地加以解答。"对此，吴模信感激不尽，布罗代尔夫人的解答他一直珍藏，对她的帮助更是"此生难忘"。

类似的曲折与繁难，吴模信在《犹太教史》的翻译中也经历了不少。翻译前，他特意阅读了陈泽民编著的《基督教常识答问》《大不列颠百科全书》和《以色列百科全书》中有关犹太教的词目，但读后仍有些疑难没有解决。吴模信写信给出版此书的法国大学出版社，希望通过这一渠道与作者安德烈·舒拉基取得联系。哪知信寄出后，却石沉大海。不得已吴模信转向让·博伯罗先生求援。博伯罗先生是法国一个宗教问题研究所的领导。之前，吴模信曾译过他撰写的《基督新教》一书，相互之间比较了解。收到中国朋友的信，古道热肠的博伯罗先生转嘱他的一位专门研究犹太教的同事解答吴模信的疑难。但等收到这位法国学者的解答时，已经是很久以后了。为一本小册子的翻译，竟遭遇这么多的周折，吴模信感叹：真是"谁知书中文，字字皆辛苦"。

"有千年的著作，没有千年的译作。"不同时代的文风变化，

对经典的理解也会随着学术进步而有所变化,因此,同样的经典原著在不同的时代有不同的译本。吴模信翻译的作品,除《傅立叶选集》(第一卷)外,都属首译。《傅立叶选集》(第一卷)"文革"前曾有从俄文转译的译本出版。吴模信从法文翻译这部书时,参考了俄文转译本。为此,他向转译本的译者表示感谢。"'汉译世界学术名著丛书'对译文质量把关严苛,为我国的翻译界树立了榜样。正是由于商务印书馆出版这套丛书和其他优秀译著,包括其他一些出版社出版的一些优秀译著,我国的翻译事业才得以健康发展。毫无疑问,这对中国学术的发展和普及具有重大意义。"

改革开放前十几年的时间里,大学法语老师吴模信"年复一年在课堂上向学生讲授几十篇法语文章。其中绝大部分是19世纪法国现实主义作家的一些众所周知的作品。讲授的内容是课文里的一些语法问题、词汇问题,再加上作家介绍、时代背景介绍、用马列主义进行思想分析等老一套。如此工作,自身既乏动力,外部又无压力,不求进取,哪里谈得上什么学术研究?当然,那些年月,国内学术园地也是百花凋零,一花寂寞红"。

这种局面在他应约翻译"汉译名著"之后,发生了很大的改变。翻译过程中,遇到不明白的地方,知识方面的,查阅相关著作并做笔记,文义方面的,查阅辞书,请教中外专家。"除个别疑难外,都得到了解决。解决对难句的理解过程,就是增强我阅读理解法语能力的过程。"学术著作的译文就要像学术著作的文章。这就需要在汉语遣词造句和文体风格方面下功夫。为此,吴模信花了不少时间研读优秀学术著作的汉语译本,还下功夫细读了一些中国历史学者的著作,学习他们的遣词造句。

这次为"汉译名著译者谭"专栏采访联系他,因为不会使用电邮,一向认真严谨的老先生提出要我寄给他打印的采访提纲,十多天后,我收到他从南京挂号寄来的数页密密麻麻的手写的采访回复,字里行间时有用符号标注的增删内容,穿针引线间彼此勾连,仿若当年翻译傅立叶、布罗代尔这些大师经典时的手译稿。

(原载《中华读书报》2019年10月16日第7版)

吴模信,1928年出生,南京大学退休副教授。长期从事法语教学工作。翻译的"汉译名著"作品有《菲利普二世时代的地中海和地中海世界》(下卷)、《路易十四时代》(合译)、《风俗论》(中册)(合译)、《傅立叶选集》(第一卷)(合译)。

5. 方福前：
汝果欲学译，工夫在译外

要论与商务印书馆的渊源，1995年就参与"汉译世界学术名著丛书"选题论证和规划工作的方福前，其专家组成员的身份要远远早于他作为"汉译名著"译者的身份。在这两重身份之外，方福前更早的身份是商务印书馆"汉译世界学术名著"的读者。"商务印书馆出版的'汉译世界学术名著'培养了一代又一代学人，我最初就是读商务印书馆的'汉译世界学术名著'迈入经济学殿堂的。我读的第一本现代经济学著作（教科书）就是商务印书馆翻译出版的保罗·萨缪尔森的《经济学》，那还是我念大学本科的时候。"在商务印书馆2019年年初召开的"汉译世界学术名著"选题论证会上，方福前在主题发言中颇为动情地回顾了自己早年的专业学习与商务印书馆的交集。

方福前有两部译著被收入商务印书馆的"汉译世界学术名著丛书"：《亚洲的戏剧：南亚国家贫困问题研究》和《货币改革论》，前者是瑞典经济学家、诺贝尔经济学奖获得者缪尔达尔的名著，后者是"宏观经济学之父"约翰·梅纳德·凯恩斯最重要的三部代表作之一（另外两部为《就业、利息和货币通论》和《货币论》）。此前，凯恩斯的《就业、利息和货币通论》和《货币

5. 方福前：汝果欲学译，工夫在译外

方福前

论》已经先后由商务印书馆组织翻译出版。

"这样，凯恩斯三部最重要的著作就剩这本《货币改革论》没有在商务印书馆翻译出版了，所以商务印书馆在2003年就联系了我，希望我把《货币改革论》翻译成中文。商务印书馆遴选译者一贯是非常慎重非常严格的。在这之前他们征求了很多经济学同行的意见，了解我的专业水平和翻译水平，因为我原来虽有译著和译文出版，但没有在商务印书馆出版过译作。商务印书馆希望找到一位既对凯恩斯经济学有研究又有较好的英文翻译水平的人来翻译《货币改革论》，经济学界有同行推荐了我。"

奠定方福前在凯恩斯经济学研究领域声誉的，是他在硕士论文基础上扩展而成的《从〈货币论〉到〈通论〉：凯恩斯经济思想发展过程研究》一书（武汉大学出版社，1997年），这是迄今为止国内唯一一本专门研究凯恩斯经济思想演变过程的专著。香港《明报》和《亚洲周刊》曾经介绍过这本书，称方福前是内

地研究凯恩斯经济学的专家。当年，为了写这篇硕士学位论文，方福前在1983年秋来到北京，花了一年时间，一边在北京大学、中国人民大学和中国社会科学院选修研究生课程，一边在图书馆查阅资料，他很高兴在北京图书馆（现国家图书馆）发现了英国皇家经济学会整理编辑、剑桥大学出版社出版的30卷《凯恩斯全集》（当时尚缺第30卷《文献目录和索引》，该卷于1989年才出版）。"当时北大和人大图书馆也有这套书，但是都不全，只有北京图书馆最全。""我在北京图书馆借阅《凯恩斯全集》时，发现这套书只有一两本（卷）被人借阅过，其他各卷都没有被翻过。"第一手的、丰富的资料奠定了论文的写作基础。论文提交以后，已经回到安徽老家的方福前收到导师刘涤源教授的来信（那时传递信息主要靠书信），刘涤源在信中夸赞了他的论文，说"我和谭崇台老师都看了你的论文，我们对你的论文很满意。你引用的很多资料我都没有看到过"。刘涤源和谭崇台都是20世纪40年代留学哈佛大学的经济学者，而哈佛大学又是美国凯恩斯主义的发祥地。刘涤源教授1947年年底回国后，毕生研究凯恩斯主义经济学，是我国著名的研究凯恩斯主义的专家。

从2003年前后接受商务印书馆的邀约，到2016年正式开始翻译工作，时光已经流逝了13年。"主要是因为手头事情太多——教学，科研，带研究生，出差……还有一个原因就是在许多高校的科研考核中，译著不算科研成果，不计算科研工作量，这个规定降低了翻译专业文献的积极性。"在解释为什么耽搁了这么久才动手翻译时，方福前如是说。目前，《货币改革论》中译本已完成三校进入印刷阶段，很快将与读者见面。

真正着手翻译时,方福前发现翻译这本书并没有原来想象的那么简单。正文只有160页的《货币改革论》是凯恩斯三部代表作中篇幅最小的一部,但是难度却不小。

一大难处是,《货币改革论》差不多是一百年前的著作,它是以欧洲20世纪20年代的经济状况,特别是第一次世界大战以后英国的经济金融状况为背景写出来的,这个背景离我们相当久远,而凯恩斯并没有把当时的背景交代清楚。"他只是说当时物价是什么样的,英镑和马克、美元的汇率怎么样,通货膨胀或者汇率如何变化,经济学界、实业界和政府的看法如何……如果不了解那个时候的经济背景和经济学背景,很多内容翻译起来可能是拿不准的。"

和亚当·斯密一样,凯恩斯也是一位造诣极高的英语语言学家和写作高手,方福前在翻译《货币改革论》过程中遇到的另一个难题是:"凯恩斯常常用了大半页纸的篇幅写的只是一句话,整个句子多是用短语和分句来表述,这样你就很难一眼看清楚句子的主谓宾结构。做翻译的人都知道,如果句子结构没有搞清楚,翻译出来的内容往往会出错。而要把句子结构搞清楚,把作者所说的意思理解到位,就得下功夫推敲句子,结合上下文仔细理解原意。为了忠实于原著,尽量使译文合乎原意,有时候翻译一句话需要推敲一两个小时。"

"汝果欲学诗,工夫在诗外。"陆游的这句名言对翻译工作同样适用。翻译过程中,花在翻译以外的时间和精力有时候甚至不比翻译本身少,而这些看不见的功夫,恰恰是考验译者水平和功力的地方。为了翻译好《货币改革论》,方福前在翻译之前和翻译的过程中,把20世纪二三十年代外国经济史相关部分,主流经济学有关理论,以及英美经济学家当时关于经济形势、政策的分析和争论的文章,凯恩斯在《货币改革论》之前发表的相关论著,凯恩斯传记,再次研读了一遍。这样,翻译《货币改革论》时他"心里就很有底了"。

方福前认为,翻译是一个细心的活,翻译时不但要推敲句子结构,还要对有些单词和词组进行仔细推敲,不能仅仅照字面翻译。"例如《货币改革论》中经常讲到'bankrate',有人就直接把它翻译成'银行利率'。但是银行利率在中国的用语中通常是指商业银行的存贷款利率,而凯恩斯说的这个'bankrate'并不是存贷款利率,而是中央银行的利率,即贴现率。如果直接翻译为'银行利率'可能使非货币金融学专业的中国读者产生误解。但是你也不好直接翻译成贴现率,因为原作者没有用'discount rate'这个写法。怎么办?我的处理方法是把它翻译成'央行利率',有些地方我也把它翻译成'银行利率',但是后面加上'(贴现率)',这样一般读者就不会误解了。"

在翻译过程中,为了找一个已经消失了很久、从俄文转过来的俄罗斯货币名称"切尔文"(chervo-netz),方福前花了好几天工夫,翻了不下10本书和词典,终于在一本经济史的文献中查到了。而对于这个货币名称,国内一些译者根据自己的想象来翻译,又不加注解,读者看了不明就里。

对翻译工作,方福前的体会是,不是一件轻松的工作,要做好翻译至少要具备几个方面的条件:第一,英文要好。第二,要有专业知识背景(文学作品翻译可能不一定是这样的)。方福前说他之所以有信心翻译凯恩斯的著作,是因为他对凯恩斯思想有长期的研究,凯恩斯的许多代表作他都研读过。第三,要有严谨认真的态度。方福前说他的英文水平比不上长期在英语国家留学的学界同行。那靠什么来弥补这个不足?方福前的回答是,一靠专业基础和研究积累,二靠认真仔细的态度。

对于译者来说,翻译学术经典主要是做奉献。那么翻译对译者的学术发展有没有助益呢?方福前的回答是肯定的。他解释说,在翻译过程中,除了对原著本身进行认真的研读以外,译者还需要阅读相关的文献,这个深入阅读英文原著的过程,既提升了外文阅读能力,同时也获取了大量的专业知识。读硕士研究生时,方福前跟谭崇台先生花了一年时间系统地研读了凯恩斯的英文版《就业、利息和货币通论》(1936年),写硕士论文时又研读了凯恩斯的英文版《货币论》(1930年),现在又翻译了《货币改革论》(1923年),这就对凯恩斯经济学的发展过程有了比较完整的认识。这些认识对于理解宏观经济理论和政策颇有帮助。"所以我在讲授初、中级宏观经济学时特别有底气有信心。我先后在安徽大学和中国人民大学讲授宏观经济学,受到历届学生的好评,这可能和我在这方面的积累有很大关系。"

说这句话的时候,温和谦逊的方福前脸上漾起了微笑。这笑意,如同从他办公室窗户投射进来的秋天的阳光一样,灿烂又明亮。

(原载《中华读书报》2019年10月23日第7版)

方福前,中国人民大学经济学院二级教授,大华讲席教授,杰出学者特聘教授(A岗),博士生导师。国家"万人计划"教学名师,享受国务院政府特殊津贴专家,首届(2003年)国家级教学名师。翻译的"汉译名著"作品有《亚洲的戏剧:南亚国家贫困问题研究》和《货币改革论》。

6. 米健：
翻译是译者和作者跨越时空的灵魂对话

"人类文明的进步需要不同文化之间的交流对话，翻译则是这种交流对话的一个方式，是人类文明进步、特定文化发展的捷径。具体讲，也是译者和作者之间跨越时空的灵魂对话。正因如此，对话伙伴的选择十分重要。选择什么样的著作翻译，就是选择与什么样的人对话。"在米健北京家中的书柜里，两套德文丛书放在最容易看到和拿到的位置，一套是波恩大学鲁尔夫·克努特尔教授主持的《学说汇纂》德文本，另一套是德国著名法学家拉德布鲁赫的学生阿图尔·考夫曼教授赠送的20卷本的《拉德布鲁赫全集》。克努特尔教授是他主持"当代德国法学名著"最主要的合作者，而拉德布鲁赫的《法学导论》，则是他1988年在德国汉堡马普外国法与国际私法研究所做访问学者期间第一次看到并被深深地吸引，从此与这本世界名著结下不解之缘，至今已三十余年。

"所有秩序，无论是我们在混沌的客观存在中发现的，还是我们致力于促成的，都可以从法律（Recht）中引申出它们的名称……'所有人必然要死亡'和'你不应杀人'，这个例子向我

们阐明了两种不同的法则——必然法则和应然法则的区别。"采访过程中,米健起身去书橱拿出这本书的中译本,翻到第一章"法权"的开篇部分,大声念起了这一段。"这里面很多概念都是我第一次翻的,举例说,一定要发生的、不以人们意志为转移的规律,如人早晚一定会死的,这就是必然法则;但是,你不应该杀人,这就是应然法则。"如今,这些已经成为学界公知和公认的法学概念。

米健

《法学导论》是一部法哲学和法学理论的世界名著,思想性和专业性很强。米健翻译第一页时,就遇到了难题——第一章的标题"Recht"如何翻译。此前,大多数人都把"Recht"直接翻成法律,但如果这样,就必然会出现两个问题:首先,无法同"Gesetz"(中文大多数情况下译作"法律")区分;其次,并不能传达德文"Recht"的内涵,因为这个词来源于拉丁文"jus",包括权利、法律、法庭等多层含义,既有中文概念无法完全对应翻译。再三斟酌,反复讨论,求教于德国学者,米健最终才确定将"Recht"译作"法权"。此外,如何翻译"Gesetz""Sollen"及"Muessen"这些概念也是开篇就必须解决的问题。"从语言上讲,这似乎根本不是问题,懂德文的人一望即知。但从上下文和语境来看,显然又不那么简单。不解决这些基本概念问题,随后的翻译就无法顺利展开。"为了真正弄明白,他反复精读有关章节,甚至通读全书,并读了许多哲学、法哲学以及法律理论的著述。为了翻译这本书,他参阅至少十几部相关著述,直到差不多搞明白这些概念的准确思想内涵后,才斟酌选择中文对应概念。而且,还要听取同行的意见,从而确保将误译、偏译的风险降到最低。最后,将其翻译成"法权""应然法则""必然法则",此后顺理成章的还有"自然法则"(Naturgesetz)、"欲然"(Wollen)、"使然"(Gewollte),等等。类似的问题还有"Sittlichkeit"(道德)和"Sitteheit"(习惯)、"Moralitaet"(道德)、"Sein"(实然)、"Dasein"(实在)等。

"文章千古事,得失寸心知。"米健感慨,写出真正的好文章不容易,好的翻译又何尝不是如此?!"其实,翻译好一部著作,所下的功夫恐怕一点也不亚于写出一部著作,尤其是翻译一部思想性、专业性强的著作。没有真正吃透、领会,不仅不能够准确传达作者的思想和作品的内容,甚至可能导致偏差,而这种偏差往往可能是失之毫厘,谬之千里。"翻译工作经常遇到的是,本国语言并不存在相应的表达或概念,无论怎样都不能让人完全满意。搞翻译的人必须承认,文化之间,尤其是传达文化的语言之间是存在一定"间隙"的。为此,米健曾专门写了一篇题为"法律翻译的文化间隙"的文章来阐明这个问题。这种情况下的翻译,尤其考验译者的专业知识水平、人文知识功底,还有对本国语言的驾驭能力。米健认为,译者的专业知识水平决定对原著思想内容的传达是否正确,人文知识功底影响这种传达是否充分饱满，对本国语言的驾驭能力保证传达是否有文采和风格。"客观地讲，翻译需要具备的条件某种程度上高于一般的著述，它确实是一种智力学识的再创造。"

任何一本"汉译名著"都是由著者深邃精妙的原创和译者精准优良的翻译共同成就的。几十年来，《法学导论》从早年收入江平主编的"外国法律文库"到后来收入"当代德国法学名著"系列，再到2013年入选商务印书馆"汉译世界学术名著丛书"，以及"汉译"的精华本系列。"就像一位可爱的大姑娘，大家都喜欢，不断地'嫁人'。"还好，几个"婆家"都相安无事，达成共识，各出各的。说到这些的时候，米健的语气中满溢着开心。

"我翻译的《法学导论》能被'汉译世界学术名著'收入，是我学术生涯中引以为荣的一件幸事。"和很多学者一样，米健也是从上大学时就开始了阅读"汉译名著"的历程。梅因的《古代法》，帮助他完成从学历史到学法律的转变，当年报考厦门大学法律系研究生时，凭借对这本书的熟读，他获得了专业高分。不仅如此，这本书对其后来的学术生涯也影响深刻。梅因所说的，到他那个时代的人类社会历史实际上是"从个人到契约"的论断，直接影响了他法学硕士毕业论文的立论。

随着教学研究工作的展开，米健愈发喜欢这套书，并且将它列为指导学生的必读书目。"我从上世纪末直到现在主持翻译的'当代德国法学名著'，某种程度上也是受到了这套书的启发。及至今日，'汉译名著'实际上影响了几代中国学人，对于我们了解世界、人类文化，从而促进自身文化发展和不同文化交流起到了无可估量的作用，这是一套功在千秋、德被四海的文化事业。

她是人类思想和知识的文化宝库，或许可视其为世界文化的'四库全书'。"

值得一提的是，米健主编的"当代德国法学名著"中的耶林的《为权利而斗争》（郑永流译）也被选入商务的汉译系列。而他本人的专著《比较法学导论》则被商务另一个重要的书系"中华当代学术著作辑要"收入其中。

上世纪90年代初，米健应当时澳葡政府之邀作为中国法律专家前往澳门，参与其法律本地化工作。辞职回到大学后，先后创建中国政法大学澳门研究中心、中国政法大学德国法研究中心和中德法学院、欧盟法研究中心，挂职青海省高级人民法院任副院长；获首届德中友谊奖；任德国法兰克福大学首席中国讲座教授；任澳门科技大学法学院院长；连续九年作为德国洪堡总理奖学金中方评委；任中国政法大学比较法学研究院院长……几十年的学术生涯中，米健的足迹遍布中国和欧洲。

国庆节前夕，米健从澳门回京休假，在与几位当年留德的年轻同仁聚会时，惊闻克努特尔教授去世的消息，愉快的氛围瞬间转入悲伤。"我最后一次见克教授是六七年前的一个秋天去德国参加一个学术会议时顺路去看他。记得那天我们在法学院罗马法研究所谈了很久后，来到莱茵河畔的一个餐馆吃晚饭。我们依窗临河，一边喝着他推荐的美酒，一边海阔天空地谈着各种话题，尽享朋友间久别重逢的兴奋愉快。直到河面上空高悬一轮明月，我忽地记起这天恰好是中国的中秋节，油然升起一种虽在异乡为异客、适逢佳节共举觞的感动和欢悦。然而，曾几何时，此情虽可成追忆，只是斯人已杳然。明月异乡纵复有，与谁把盏说婵娟！"在随后写成的文章中，对这位20多年来担任"当代德国法学名著"德方顾问的老朋友，米健表达了自己深挚的悼念。

在2013年商务"汉译世界学术名著丛书"出版《法学导论》时，米健在"修译后记"中写道："在整个修译工作过程中，我又一次和一个思想者进行了思想的对话和灵魂的沟通，又一次让我走近了一个真正的学者和哲人，它使我的思想和灵魂又一次得到澄清和洗礼。拉德布鲁赫，他的思想与人格，不只是德国人的典范，而且还是中国人的典范，它们似乎与中国人和东方文化传统有着某种天然的接近。我想，这其中肯定有一种能以人性和心灵予以诠释的深刻原因。"

在此，读者肯定能感受到他发自内心深处对拉德布鲁赫这位法学先贤的崇仰与敬意。

（原载《中华读书报》2019年11月6日第7版）

米健，北京师范大学特聘教授，中国政法大学退休教授，德国弗赖堡大学名誉法学博士。曾任中国政法大学比较法学研究院院长、青海省高级人民法院副院长、澳门政府政策研究与区域发展局局长。翻译的"汉译名著"作品为《法学导论》。

7. 张卜天：
在中国科学史界，哥白尼形象从未被刷新过

在商务"汉译世界学术名著"的译者队伍里，现年40岁的张卜天属于小字辈。可就是这位1979年出生的年轻人，从2016年出版的哥白尼的《天球运行论》，到其后的李约瑟的《文明的滴定》、爱因斯坦的《狭义与广义相对论浅说》、薛定谔的《生命是什么》柯瓦雷的《从封闭世界到无限宇宙》、戴克斯特豪斯的《世界图景的机械化》、柯瓦雷的《牛顿研究》和伯特的《近代物理科学的形而上学基础》，四年时间里，上述八本他翻译的著作被收入商务印书馆"汉译世界学术名著"系列。接受采访时，张卜天表示，自己翻译的著作能被列入"汉译世界学术名著"，是"很荣幸的事"。自然，对于这些著作，翻译时会更加精益求精。

翻译大部头的经典著作是非常繁重的工作，其间甘苦，只有译者自己知道。在不算太长的翻译生涯中，张卜天特别难忘的是《世界图景的机械化》的翻译经历。这本近800页的经典科学史名著巨著以机械论观念的产生和对自然的数学描述为主线，细致深入地探讨了从古希腊到牛顿两千多年的数理科学思想发展，鞭辟入里地分析了使经典物理科学得以产生的各种思

想脉络和源流。"全书几乎没有什么废话,显得紧凑异常,许多地方可谓字字珠玑。这使得全书读起来比较'干',没有一句话能随随便便带过。"《世界图景的机械化》不仅篇幅巨大,内容艰深,而且长句较多,荷兰语引导从句很方便,这往往导致文中的句子很长,中译文必须尽可能地将其拆成散句,并按照汉语习惯进行打磨。不懂荷兰语的张卜天,只能依据英译本和德译本转译,好在荷兰语与德语区别很小,借助荷英、荷汉词典,他基本能够看懂。张卜天的对策是,先由英译本译出草稿,再逐字逐句根据德译本进行对照,如果英译本和德译本有明显的不一致(实际上这样的情况很多),还要对照荷兰文原文来判断哪个译本更加准确。戴克斯特豪斯与英译者有过不少通信,英译本也得到了作者的肯定(并且对荷兰文本做了不少改动),但事实上,英译本和德译本都有译得不够准确的地方。在这种情况下,张卜天有时会做脚注进行说明,有时则径直按照自己认为比较正确或合理的译法译出。而这,使得他比通常的翻译多花了近一倍的时间。

西欧中世纪自然哲学是《世界图景的机械化》中最精彩

张卜天

的部分之一。在此书（以及爱德华·格兰特的《近代科学在中世纪的基础》）的中译本出版之前，能用中文读到的中世纪自然哲学研究近乎空白，像托马斯·布雷德沃丁（Thomas Bradwardine，约1300—约1349）、威廉·海特斯伯里（William Heytesbury，1313—1372/3）和理查德·斯万斯海德（Richard Swineshead，活跃于约1340—1355）、让·布里丹（Jean Buridan，约1300—约1358）、萨克森的阿尔伯特（Albert of Saxony，约1316—1390）和尼古拉·奥雷姆（Nicole Oresme，约1320—1382）等中世纪自然哲学家，以及像安内莉泽·迈尔（Anneliese Maier，1905—1971）这样研究中世纪自然哲学的重要科学史家几乎不为中国学界所知。此外，《世界图景的机械化》不回避任何繁难之处，书中讨论的许多概念都是中国学界非常陌生的，比如中世纪自然哲学讨论运动的本性时使用的关键概念"forma fluens"和"fluxus formae"，讨论质的量化时使用的关键概念"latitudines formarum"，以及罗吉尔·培根光学中的重要概念"species"，在此之前从未进入过中国学界的视野。"对于这些概念，我必须创造新的译法，使之能够尽可能准确地表达其原义。"

张卜天的八本译作中，哥白尼的《天球运行论》属于重译，是这部经典著作的第二个中译本。"哥白尼的巨著历史名声虽大，但真正感兴趣者主要还是科学史家和科学传播家，而科学传播家往往依据科学史家的研究结果来建立自己的学术常识。可能是因为我国的科学史界并没有把自己的研究视野真正对准过哥白尼，所以哥白尼的形象从未被刷新过。西方科学史界非常重视和强调的'天球运行'概念,在我们这里不是闻所未闻,就是听而不闻。"

1953年,在为纪念哥白尼诞辰480周年出版的《纪念哥白尼》一书中,竺可桢、戴文赛等科学家采用了"天体运行论"的译名。1973年科学出版社出版的李启斌翻译的节译本(主要是前言和第一卷),书名是《天体运行论》,不过译者为此加了一个注释,注释说该书名直译应为"论天球的旋转",只是因为大家常用才取"天体运行论"之名。1992年由武汉出版社、2001年由陕西人民出版社以及2006年由北京大学出版社相继三次出版的叶式辉翻译的全本,书名依然译成《天体运行论》。叶译本依据的是1978年版的罗森英译本。叶译本的罗森序言里有这样的话:"例如《天体运行论》拉丁文标题的第三个字,即'orbium'并不是像门泽尔所误解的那样代表天体,而是带动可见天体的(假想的)看不见的球。""但是,面对罗森如此明确的纠错声明,叶译本对自己把书名译成'天体运行论'没有做任何说明,并且使上面这句中文句子成为一句自相矛盾的话。"对于这个关键概念,张卜天认为,必须坚定地修改约定俗成的误译,把已经沿用了数十年的旧译标题"天体运行论"改成"天球运行论"。"因为哥白尼所说的'orbium'并不是我们所理解的'天体',而是古代天文学家假想的带动天体运行的透明的'天球'。今天我们不承认'天球'的存在,便想当然地把这个词译成了'天体'。事实上,'天体'还是'天球',这一字之差,关系到评价科学理论时应有的历史态度,也关系到我们在反省近代科学时所能够达到的理论深度。"

叶式辉是天文学家,张卜天认为其对该书天文学细节的把握是基本可靠和准确的,他重译时对此多有借鉴和继承,但对比叶译本,张的新译本在历史、哲学、宗教和拉丁文方面具有优势。这特别反映在,占全书篇幅近三分之一的注释中有大量内容涉及历史、人物、哲学、宗教等背景,而旧译本在涉及这些内容时错误甚多,新译本一一做出更正,并使语言更加流畅简洁。"好的翻译需要各种能力,专业能力是其中之一。译者本来就应当按照最高标准来要求自己,学养谈不上比前人高还是不高。总之是能使多大劲就使多大劲吧。"

"当前学术翻译乱象丛生,质量低劣,市场出版非常无序,而且价格低廉。不少学术翻译都是导师分包给学生们做的,不仅翻译经验不足,而且文风、术语都不统一,没有人进行统校工作。还有许多学术著作是由外语专业的人员翻译的,这些译者往往缺乏足够的专业知识,闹出许多笑话。翻译不算符合考核标准的学术成果,这是很多有能力的人不愿做翻译的一个主要原因。但如果翻译真算学术成果了,恐怕又会出现许多冒名顶替和弄虚作假的事情。一个更大的问题在于,现在的翻译质量缺乏正规的评价机制和惩罚机制,在翻译质量普遍低劣的大背景下,很少人还会一丝不苟地琢磨翻译细节,精心打磨每一个汉语词句。"当被问及对当前学术翻译的印象时,张卜天直率地表达了自己的意见。

于张卜天而言,翻译工作有着莫大的意义。目前,他正在组建"清华大学科学人文经典研究中心",希望主要与商务印书馆合作,挑选一些科学人文经典著作进行翻译,涉及科学原典、科学史、科学哲学、科普和人文经典,希望其中一些著作能够列入"汉译世界学术名著丛书"出版。他将这视为"后半生学术生涯的主要工作"。

(原载《中华读书报》2019年11月13日第7版)

张卜天,北京大学科技哲学博士,西湖大学终身教授,曾任清华大学科学史系长聘教授。翻译的"汉译名著"作品有《几何原本》《文明的滴定》《狭义与广义相对论浅说》《生命是什么》《自然与希腊人 科学与人文主义》《我的世界观》《牛顿研究》《关于托勒密和哥白尼两大世界体系的对话》《天球运行论》《哲学原理》《西方科学的起源》《从封闭世界到无限宇宙》《近代物理科学的形而上学基础》《世界图景的机械化》和《科学革命的编史学研究》。

8. 郑戈：
凡不能怀着激情去做的事情，都是没有意义的

"对个人而言，凡不能怀着激情去做的事情，都是没有意义的。"

马克斯·韦伯在《学术作为天职》中说的这句话，是郑戈终生服膺的座右铭，无论是从事学术研究，还是学术翻译。

1999年，博士毕业留校才一年的郑戈受商务印书馆邀约，接手霍姆斯《普通法》的翻译任务，得知这本书被列入"汉译世界学术名著"的出版计划，这位年轻的北大教师非常兴奋："因为这套书不仅在我心目中，而且在我们一代人心目中都有着近乎神圣的地位。"如今，20年过去了，由于各种各样的个人原因，这本书的翻译仍未完成。"但在不久的将来很快就会完成。"电话那头，郑戈紧接着补上了这句。

然而，郑戈和"汉译名著"的缘分并未因此而终止。2001年，正在加拿大多伦多大学访学的他，收到商务副总编陈小文的电邮——商务再次向他发出邀约，翻译美国法学家朗·富勒的《法律的道德性》。对郑戈而言，但凡商务有约，他是从不拒绝的。大学期间，他阅读的第一本经典著作就是"汉译"系列中的《论

郑戈

法的精神》,此后,他对学术的兴趣、学术成长历程都与商务出版的译著,尤其是"汉译"系列密不可分。

相比于充满古希腊文、拉丁文和古代法律术语的《普通法》,《法律的道德性》的翻译相对比较容易。富勒是二战后西方新自然法学的主要代表人物之一,其思想同时又受到美国实用主义哲学传统的影响,因此整本书是以比较"接地气"的语言写成的。但在翻译的过程中,郑戈还是遇到一些专有名词和术语不容易把握的地方,其中最重要的就是"morality of aspiration"和"morality of duty"这一组在富勒思想中至关重要的概念——前者显然是指古希腊思想,尤其是亚里士多德伦理学中的"美德",或可译作"追求卓越的道德",后者是指人类和平共处必须遵循的"底线道德"。斟酌之下,郑戈遵循了张宏生、王哲、谷春德等参与编写的《西方法律思想史资料选编》、王哲的《西方政治法律学说史》以及沈宗灵的《现代西方法理学》中已有的译法,即"愿望的道德"和"义务的道德"。这也成了他此后一直遵循的翻译原则:已有约定俗成之译名的,循之;没有现成译名的,按照字面语义翻译。这与许多译者(尤其是年轻译者)喜欢

8. 郑戈：凡不能怀着激情去做的事情，都是没有意义的

另造让人"不明觉厉"的新词的做法不同。"他们这么做是希望通过一个词就表达出原作者希望表达的特定含义，而在我看来，这是做不到的。就拿这一组概念来说，它们所用的词在英文中都是普通的、一般的。单看这两个词，你并不能领会富勒想要表达的特定含义。"郑戈说，富勒是在全书的论述过程中逐步阐明它们的含义的。

谈这些的时候，郑戈随口说起了最近看到的一本书《另外于是，或在超过其所是之处》（伊曼纽尔·列维纳斯著）。他特地查了一下，原著为法文，书名是"Autrement qu'être ou au delà de l'essence"。试想如果自己来翻译，他会译成《存在之外或超越本质》。"存在"和"本质"都是既定的哲学术语，如海德格尔的《存在与时间》和萨特的《存在与虚无》。如果所有的"存在"都要改成"是"，按郑戈的说法，我们便会面对不知所云的《是与时间》《是与虚无》。

郑戈列入"汉译"系列的第三本是莱昂·狄骥的《公法的变迁》，其最早的中译本由上世纪30年代商务"万有文库"推出，译者为留法学者徐砥平。翻译此书的过程中，他找到当年的徐译本，发现不仅用语、文风不太容易为当代读者所接受，更主要的是，对照法文原著来看有大量错译和漏译。前一方面的例子有："Conseil d'État"被译作"平政院"，而现在则译为"最高行政法院"；"tribunal des conflits"被括注为"cours de conflits"，并被翻译为"抵触法院"，这完全无法表明该法院的性质，应当翻译成"管辖权裁定法院"或"权限裁定法院"。后一方面，郑戈举的例子是全书开篇第一段："Pourquoi étudier spéciale-ment les transformations du droit public? Le droit, comme toutes les choses sociales, n'est-il pas en un état perpétuel de transformation? Toute étude scientifique du droit n'a-t-lle pas nécessairement pour objet l'évolution des institutions juridiques? Etudier les transformations du droit public,n'est ce pas étudier tout simplement le droit public?" 徐砥平译为:"为什么特别研究公法的变迁？法律是否与其他社会事务一样继续不断地变迁？凡以科学方法研究法律,是否必以各种法律制度的演进为研究的目标？研究公法的变迁,是否仅以研究公法为止？"这句话的意思很不明确,令人费解,原因就在于对原文的理解有误。郑戈的译法是:"为什么要专门研究公法的变迁？法律不正是像其他社会现象一样处在持续的变迁之中吗？整个法学研究不正是涉及对法律制度演进的分析吗？对公法之变迁的研究,不就是公法研究本身吗？"原文全部是用反问,译文也应全用反问,方能凸显作者的意图。最后一句则属明显误译。

"我在翻译的过程中并未参考徐先生的译本,只是在准备'汉译名著'版的时候才找到这个译本通读了一遍。"实际上,此次重译,他不仅是在已有别的译本情况下的重译,还是在已经有自己翻译的两个版本存在的意义上的重译。1990年代末,郑戈协助罗豪才教授编辑"法国公法与公共行政名著译丛",其中选了狄骥的好几本书。《公法的变迁》由郑戈翻译,与冷静教授（时为北大硕士研究生）翻译的《法律与国家》合为一书,1999年由辽海出版社和春风文艺出版社出版。此后,中国法制出版

8. 郑戈：凡不能怀着激情去做的事情，都是没有意义的

社将《公法的变迁》与《法律与国家》拆开，在2010年出版了两本书的单行本。2013年，商务又单独出版了《公法的变迁》，并将其纳入"汉译世界学术名著"。在准备商务版的过程中，他对此前的译稿做了大量的修改和订正。

"在徐砥平先生的年代，国内能够接触到法文原版的读者非常少，能够直接阅读原文的就更少了。因此，徐先生的贡献在于第一次通过翻译把这本书纳入中文学术传统。由于缺乏既定学术翻译传统的约束和原文读者的外部监督，这个译本只是译介大意，而不能说是逐字逐句的准确对译。"如今，能够接触和阅读原著的读者越来越多，公法研究的学者队伍也越来越庞大，对译者的要求当然也越来越高。

学养之外，郑戈还强调了商务在助力形成学术翻译规范方面的关键作用。比如，在统一译名方面，商务先后出版了《英语姓名译名手册》《法语姓名译名手册》《德语姓名译名手册》和《外国地名译名手册》等工具书，为译名的规范化、统一化做出了贡献。这样的手册，他手上就有一套，时时翻阅。

在学术评价体系日益不重视翻译作品的当下，从事学术翻译需要译者的信念和兴趣。对学术翻译，郑戈始终怀有韦伯所说的那种激情。学术翻译首先是一种精读，他会选择对自己学术研究有助益的经典著作翻译，最终将其纳入自己的研究计划之中。"人类最重要的学习方式，其实是模仿。要做出好的研究，就要模仿自己研究领域中最优秀的作品。能够进入'汉译名著'的作品，都是这样的优秀作品。"从这个意义上说，他将学术翻译视为自己学术生涯的有机组成部分。

在长期从事学术翻译的过程中,他发现许多一流的思想家和学者,在其学术生涯中也都有过从事学术翻译的经历。比如,托马斯·霍布斯的学术生涯始于翻译修昔底德的《伯罗奔尼撒战争史》,终于翻译荷马的《伊利亚特》和《奥德赛》。在翻译荷马史诗期间,他已至耄耋之岁,并患有帕金森综合征,双手颤抖,不能执笔,由秘书记录其口述译文。古典学虽是其学养所系,但他对古希腊思想却多有批评,尤其是对亚里士多德,认为大学教育中的古典学滋生了挑战现世权威的批判气质。霍布斯之翻译荷马,乃是以翻译手段拓展《利维坦》的政治哲学,他修改和增删了荷马的文本,钝化了其中的滔滔雄辩,强化了其中的审慎小心,使荷马读起来更像是一位忠臣,而不是吟咏的诗人。比如,霍布斯修改了《伊利亚特》中对"王中之王"阿伽门农不敬的段落,为保持文本内容的一致性,还增添了若干赞颂阿伽门农品德和功业的句子。就连阿基里斯都变得颇为温良恭顺。因此,他的翻译作品也是研究他的政治哲学的重要素材。而且,到1660年代,霍布斯的作品受到严格审查,以至于他基本上无法出版任何原创作品。翻译《荷马史诗》成了他晚年学术生涯中唯一可做的事情。而这也给英文世界的读者留下了宝贵的遗产。

虽然不赞同霍布斯这种将自己的思想带入译作的"创造性翻译",但郑戈非常欣赏他的这种将翻译和研究融为一体的态度,他在《利维坦》《论公民》和《比希莫斯》等经典著作信手拈来的许多例子,都来自他翻译的作品。"学术翻译必然是与研究结合在一起的,对自己翻译的作品缺乏深入的理解,仅仅做语言上的转换工作,是绝不可能做出好的翻译的。"

(原载《中华读书报》2019年11月27日第7版)

郑戈,上海交通大学凯原法学院教授,博士生导师。主要研究领域为法理学、宪法与行政法学以及数字科技与法律。翻译的"汉译名著"作品有《法律的道德性》和《公法的变迁》。

9. 洪汉鼎：
我们今天为什么需要"汉译世界学术名著"

"汉译世界学术名著"是四种力量几辈人合力的结果

采访洪汉鼎先生那天，正赶上北京大降温，外加四级大风。怕我走错路，81岁的老先生坚持到地铁口附近接我。路上，他告诉我这几天他已经准备了一些材料，要好好谈谈与"汉译世界学术名著"有关的几个问题。

1996年，中宣部、新闻出版总署和商务印书馆联合召开"汉译世界学术名著丛书"出版260种座谈会，会议合影被收入《商务印书馆120年大事记》中，和潘汉典、苗力田、何兆武这些老先生比起来，站在后排的58岁的洪汉鼎属于晚辈。"这不是一个人、一代人，而是好几辈人的事业。"谈起"汉译世界学术名著丛书"的历史，洪汉鼎称之为"一段漫长艰苦的过程"。

1905年，商务首次出版严复翻译的《天演论》铅印本，加上此后的《原富》《名学》《法意》等八种，辑成严译名著丛刊。20世纪20年代后期，商务出版的"世界文学名著丛书"和"汉译

9. 洪汉鼎：我们今天为什么需要"汉译世界学术名著" | 49

洪汉鼎

世界名著丛书"更成为当时西学译介的集大成者。据商务学术编辑中心主任李霞介绍，当时商务的掌舵者王云五注意到商务以往"有关新学之书籍，虽零零星星间有出版，却鲜系统，即以尚无整体计划之故"，于是"广延专家，选世界名著多种而汉译之"。此套丛书出版约230种，集为"汉译世界名著丛书"。这套丛书后被收入到商务的"万有文库"中，成为上世纪前半叶中国最有影响的西方学术著作丛书之一。

"我要特别讲到我的老师贺麟先生。"洪汉鼎说。20世纪30年代，贺麟先生从国外回来，初在北京大学，后在西南联大哲学系任教，曾以中国哲学会西洋哲学名著翻译委员会为平台，不仅翻译出版了一批世界哲学名著，而且也培养了很多哲学人才。"贺先生的学生，也是我的老师，已故的武汉大学陈修斋先生在他的《哲学生涯小记》里曾记录了当时贺麟先生得到蒋介石的资助后组织了樊星南、陈镇南、顾寿观、王太庆和其他诸人，翻译出版

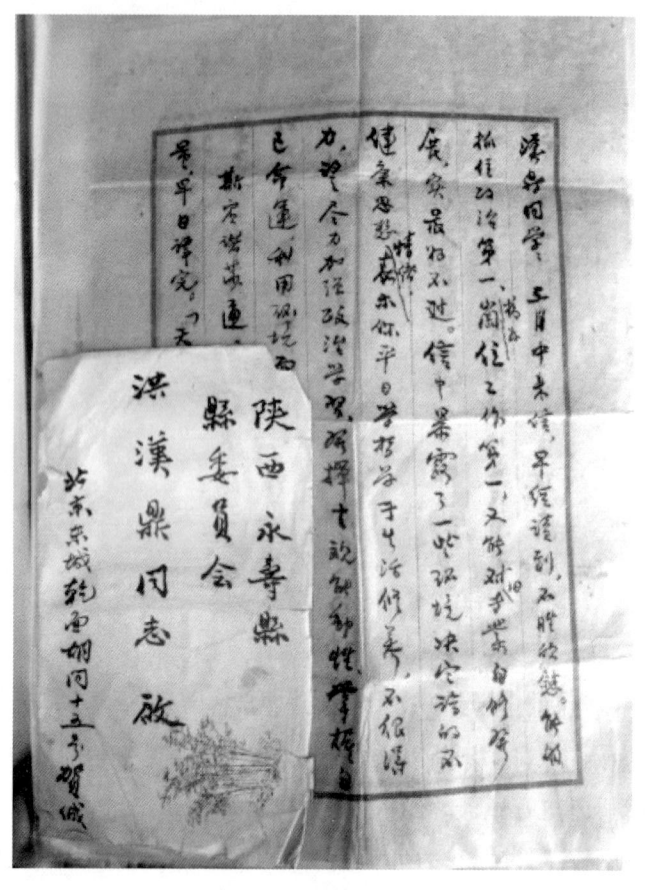

20 世纪 60 年代贺麟写给洪汉鼎的信

了一批学术著作的历史。"洪汉鼎找出 30 至 40 年代"汉译世界名著"中陈康先生翻译的《柏拉图巴曼尼得斯篇》、樊星南与顾寿观先生合译的《人之天职》等旧书，封面上注明"中国哲学会西洋哲学名著编译委员会主编"，同期出版的还有张铭鼎翻译的《实践哲学批判》、程始仁翻译的《知识学基础》。"这是抗日战争

9. 洪汉鼎：我们今天为什么需要"汉译世界学术名著"

之前或前期出的，纸还好。你看，抗日战争后期出的贺麟翻译的《黑格尔学述》《致知篇》、洪谦先生的《维也纳学派哲学》，纸质发黑，粗糙，意味着那个战争年代物资紧缺。"对于这一批颜色暗黑和纸张粗糙的哲学名著，洪汉鼎情有独钟，他说："我们这一代以及上一代人如张世英先生这样的老前辈的哲学知识就是通过这些书得到培养的。张先生在他的回忆录里也常讲到这批书在我们这批学者中的影响。"

1982年，是出版界值得纪念的一年。这一年，是商务建馆85周年。商务推出"汉译"第一辑50种，这50种书，无论从翻译水平还是印制水平，都是当时可能达到的高标准。这朵被新时代的春风吹开的"蒲公英"，仍沿用20年代的"汉译世界名著丛书"之名，以示继承与发扬，另加"学术"二字，以突出其学术性。

"'汉译世界学术名著丛书'应当说是四种力量合力的结果。"洪汉鼎说的四种力量中，除了国家重视、译者和编辑的贡献，还有读者。国家层面，1984年，"汉译世界学术名著"出版工作得到邓小平的关心和支持，1996年，中宣部联手商务召开"汉译"的大型座谈会，都给这套丛书的出版带来了强劲的"东风"。

商务同仁中，洪汉鼎印象最深的是60年代就认识的商务副总编高崧。"那时候商务的业务全是他管。"从1982年开始，每隔几年就召开一次"汉译世界学术名著"的专家评审会。"我是在1988年左右从德国回来以后参与进来的，比较晚。"那时候开会，老先生都去，哲学组、政治组、历史组，等等，分组讨论。如今，哲学组里的贺麟、王太庆、王玖兴、苗力田这些老先生都已故去多年了。"每一次商务组织这些老先生开会,一是对丛书的出版质量把关,再就是确定后续的选目。商务的出版质量为什么好?这跟它的编辑有关,商务出的外文书,德文的由德文编辑看,英文的英文编辑看,这种对照原著的做法对保障译著的质量非常重要。"从学兄陈兆福、老同学武维琴开始,以及吴隽深、张伯幼、徐奕春,再到关群德、王振华等等,沿时间维度历数下来,洪汉鼎看到的是商务编辑队伍代际延续的力量。

译者方面,老一辈的贺麟早在1949年前就参与这套丛书的翻译,1949年后,他以及他的学生们也一直是译者队伍中的重要力量。语言学方面,洪汉鼎还记得一起开过会的吕叔湘先生。"哲学方面的著作,贺先生是很重要的译者,另外还有王太庆和王玖兴、陈修斋和顾寿观,以及去年去世的学兄梁存秀,他们翻译了很多哲学经典,而且翻译得很好,都收入了'汉译世界学术名著'。从译者来说,也是好几代人。"读者更是如此,可以说是一代接着一代。过去,洪汉鼎在德国和中国台湾,结识过一些港台地区的学者。"他们都认为这套名著很有影响。我看到很多教授家里都收藏了一套,台湾学者很少翻译,都是借用大陆的译本。"

我们今天为什么需要"汉译世界学术名著"

我们今天为什么需要"汉译世界学术名著"?"汉译名著"的意义是什么?这是洪汉鼎一直思考的问题。他以哲学为例,中国传统哲学到清末民初已经支离破碎,严复的译著,就是要把西方的思想引进中国,促使中国传统哲学现代化。但到90年代,这一路径被一些人反对,他们认为中国哲学是在西方化,胡适、冯友兰这些人都是按照西方的模式来搞中国哲学,今天的哲学都是西方的概念。所以他们提出要恢复中国传统的概念,清除西方影响,这股思潮在90年代影响很大,一直到现在,可能还有一些人在坚持这一观点。

但在洪汉鼎看来,"所谓西化其实是一个假命题,我们不是西化,而是化西,吸收他们好的东西,优化我们的传统哲学,最后达到超西。在这个过程当中,'汉译名著'起了非常重要的作用。它使我们得以化西。假设没有'汉译名著',我国哲学研究能有今天这样的成就吗?有人说,那些以西化为名反对我国传统哲学现代化的人,其实是'以中西之异来抵抗古今之变',这些话蛮有意思的。我想化西乃至超西,应当说是这套丛书的意义所在"。

讲到"汉译名著"的意义时,洪汉鼎特别强调译者的贡献,他说:"现在有些人不愿意翻译,因为它不算科研成果,这对于年轻学者确实是一个现实问题。但是如果你翻译一部富有影响的世界经典著作,其意义往往远超出你自己的研究之外。"讲到这里,洪汉鼎回忆起他当时翻译《真理与方法》的情景,他说当时有些人就建议他利用这几年在德国的研究写一部关于德国哲学的专著,"尽管这种意见有一定道理,但我想,须知西方哲学发展至今,其内容之广泛和其意义之深奥,实非我们仅以几年时间写出的一部学术专著所能涵盖的。与其写一部阐述自己尚未有成熟看法的专著,还不如译介一部有影响的经典著作对我国读者来说更为重要一些"。洪汉鼎收入"汉译"系列的除了伽达默尔的《真理与方法》外,还有《斯宾诺莎书信集》,至今,这两本译著的各种分科本、珍藏本、珍藏本纪念版,足可摆满一大桌子。尤其是洪译《真理与方法》,在国内哲学、文学、法学、历史、艺术以及宗教诸人文社会科学领域内影响颇大,成为一部重要的经典。

对于搞诠释学出身的洪汉鼎来说,一部作品有不同的译本,是一件好事。进一步说,一部经典应当有不同的解释。"这很重要。一部经典就在于它能被不断地解释。翻译就是解释,所以一本著作的不同译本很重要,每个时代的语境不同,这就需要重新翻译。"洪汉鼎以不同时期出版的贺麟翻译的《小逻辑》为例,1954年出版的那本目录中,第一篇"Die Lehre vom Sein"译成"有论",而在1995年出版时,则改译成"存在论"。"光看目录你就知道它们的差别,里面的内容改动就更多了。""比方说过去我们谈黑格尔,谈康德,都说他们是唯心论,但现在我们很少说这个名词,因为唯心论是那时候跟唯物论相对而言的,而且是批判性的。实际上,现在我们来看唯心论这部分,康德、黑格尔,里面有很多好的东西,现在大家都愿意用观念论。这都是时代的问题。"

当然,重译也与不同时代的译者水平有关。洪汉鼎的老师辈大多有留洋经历,外语很好,但是像他自己这代50年代中期进大学的人以及"文革"以前出生的人,几十年都没有书可读,他们的外语与七八十年代出生的学者相比,又大大不如。"那时候很封闭,我们在北大,公共外语只有英语、俄语,此外没有其他语种,这还是北大,其他地方就更不必说了。现在我们年轻一代,他们有些人甚至从中学、大学直到博士,都在国外读,外语当然很好。"洪先生说他自己翻译的《真理与方法》《斯宾诺莎书信集》等书也一直在不断改进。

谈话过程中,洪汉鼎拿出各个时期的"汉译世界学术名著丛书"的单行本,尤其是老师贺麟的译著,收藏尤多。由这些不同时期的版本,他想着商务或许可以建一个版本博物馆,名字他都想好了,就叫西学东渐史馆。"这是这套丛书发展演绎的历史资料。商务保存了一些以前名家的译稿,这些译稿都是手写的,很珍贵。我手里就有陈康先生和贺麟先生的手稿,都是蝇头小楷,本身就是艺术品。"

翻译必须与研究并重

在哲学界,洪汉鼎的名字几乎是和斯宾诺莎联系在一起的。早在北大哲学系上学时,他就跟着贺麟先生学习斯宾诺莎。贺麟先生指导他读斯宾诺莎《笛卡尔哲学原理》和《知性改进论》原著,这段时期成为洪汉鼎早年美好回忆的一部分。但不久"反右"开始,还只是大学二年级学生的洪汉鼎也被打成"右派",离开北大到斋堂劳动两年,毕业也推迟至1963年。在当年中国科学院研究生考试中,尽管他考试成绩优异,却未能被录取,失去了继续深造的机会。那年,他从北京一路辗转来到陕西省永寿县,随身行李中,除了生活用品,便是一麻袋书籍。"好在我就一个人,白天工作,晚上回来就读书。"下放永寿的15年,对洪汉鼎而言，也是一个斯宾诺莎研究和哲学成长的过程，1993年出版的《斯宾诺莎书信集》即是他这期间的翻译成果。"记得我1963年离开北京的时候，贺先生跟我说，你有时间就翻译《斯宾诺莎书信集》。贺先生把他珍藏的《斯宾诺莎书信集》英文和德文书给了我，希望我能够完成他这一心愿。"

贺麟早年主持西洋哲学名著翻译委员会时，曾为翻译工作确定两项原则：不仅翻译原文，而且原文里所有的引文都要加注（甚至有时候注的比重会超过原文）；另外，每本译著都必须写译序。洪汉鼎谨记老师的原则。翻译时，虽然是从英文翻译，但同时还参考德文版本，阅读斯宾诺莎的传记。"否则你不了解当时他为什么说这些话，很多内容必须查找资料。"翻译过程中，除了从北京带去的书籍和资料之外，就是写信给远在北京的老师贺麟求教。至今，洪汉鼎还保存着很多贺先生当年写给他的书信，竖排的毛笔小楷，一派文人风范。让洪汉鼎欣慰的是，很多读者喜欢他的这本译著。最近，在华南理工大学开会时，一位科学哲学专业的学者向他表示对这本书的喜爱，奇怪哲学出身的他怎么能把斯宾诺莎讲科学、光学的内容翻译得那样准确。

翻译必须与研究并重——这是去年洪汉鼎在一次西方哲学年会上提出来的观点。"中国哲学界分成了西方哲学圈和中国哲学圈。中国哲学学会和西方哲学学会，两者老死不相往来，这不是好事。"他强调，"搞西方哲学的目的并不在于西方哲学，而是哲学，西方哲学只是研究的平台，研究哲学本身才是目的。这对中国哲学研究同样如此"。他认为我国研究西方哲学的学者一定要认清这一点，否则就把自己的位置降低到研究哲学的边缘。

另外,"没有翻译来搞西方哲学研究,那就是天马行空,只有做了翻译你才能深入西方哲学的精髓,才能对它有所吸收和批判"。

(原载《中华读书报》2019年12月18日第7版)

洪汉鼎,北京市社会科学院哲学研究所研究员,经典阐释学研究中心主任,德国杜塞尔多夫大学哲学名誉博士。国家社科基金重大课题"伽达默尔著作集汉译与研究"首席专家。翻译的"汉译名著"作品有《真理与方法》《斯宾诺莎书信集》和《笛卡尔哲学原理》(合译)。

10. 梁治平：
法律与宗教实是人类经验的两个方面

在百度上输入"法律必须被信仰,否则它将形同虚设",显示相关结果约433000个。实际上,自20世纪90年代以来,这句引文在法律学者和学生们笔下和口中就非常流行,以致引用者常常省略了这个引语所出自的那本小书——《法律与宗教》——和它的作者哈罗德·J. 伯尔曼。这对于译者梁治平来说,多少有些意外。

1987年着手翻译《法律与宗教》时,梁治平从中国人民大学法律系研究生毕业留校工作刚两年。除了教学和研究,他同时还为《读书》杂志撰写专栏文章,整日忙碌。"对我来说,这是非常偶然的事情,当时在一个地方看到这本书的复印本,翻了一翻,觉得挺有意思。因为我读研究生的专业方向是外国法制史,研究生论文也与西方法律传统的形成有关。"不过,真正激发梁治平兴趣的还不是伯尔曼的法律史研究,而是他在讨论法律与宗教关系时所表达的思想洞见。"它不是那种学究性的著作,而是思想性的,同时它又是跨学科的,跨越法学、史学、神学、人类学等领域,视野开阔,思想深刻,但语言平易,篇幅也不大,这些正合我的趣味。所以它让我有种兴奋感。"

"给法律与宗教一个过于狭隘的定义,而将它们截然对立起来,不仅大谬不然,而且注定要摧抑人们对于法律与宗教的信任。因为事实上,法律并不只是一套规则,它还是一套程序,一种活生生的社会过程。宗教也不仅是一套信条与仪式,它首先是对各种超验价值的共同直觉与信奉。活动于法律与宗教之间的,非他,而是血肉丰满,既有理性与意志、又有情感与信仰的活生生的人。法律与宗教,实是人类经验或说人性的两个方面。"在1991年北京三联书店版的中译本译序中,梁治平表达了对作者伯尔曼的认同和赞赏,认为他"抓住了隐伏在法律与宗教截然对立后面的东西,那就是建立在主体与客体、意识与存在的对立基础上的二元思维模式"。

梁治平

作为一名中国学者,梁治平选择这本小书,无疑有其自身的学术关切和家国情怀:近代以来,我们一直关注的问题只是现代化,甚至引入西方各样基本的价值,也主要是出于这样一种功利的考虑。我们没有从整体上去把握我们的生存状况,忽略了社会精神的再生。而"'法律必须被信仰,否则它将形同虚设'这个判断即使不合于中国古时的情形,却至少是可以针对今日的"。前些年,《法律与宗教》被列入商务印书馆"汉译世界学术名著丛书"出版。在梁治平看来,这也可以看作是对伯尔曼这本小书的重要性的认可,而这种重要性,更多是同作为读者的中国人的生命经验有关。换言之,了解这种重要性,其实就是要了解过去几十年中国人的经验、意识、认知和追求。

然而,已经被格言化的"法律必须被信仰,否则它将形同虚设"这句话,其译法的妥当性后来也曾被人质疑。"西方文明里,宗教和法律密不可分;在华人文化里,却并没有这种传统。华人文化里法律和政治紧密结合,法律和宗教却几乎是各行其是的两个体系。既没有宗教的传统,而希望'法律必须被信仰',即便不是缘木求鱼,也相去不远。"2014年,台湾地区学者熊秉元在《读书》杂志上发表文章,指出几种法学译著中的错误,其中,就有针对梁治平《法律与宗教》中译本中的这个名句。在熊秉元看来,伯尔曼原文中"Law has to be believed in, or it will not work""其实很平常普通","意思只是:人们要相信法律,否则法律发挥不了作用"。"中文译本把法律和信仰放在一起,却有可议之处。"对此,梁治平说,伯尔曼明确表示,法律不仅关涉人的理性和意志,而且包含人的情感(emotions)、直觉(intuitions)、献身(commitments)和信仰(faith)。于是就有了这句"Law has to be believed in, or it will not work"。"把法律和信仰放在一起的,难道不正是伯尔曼本人?"

"这里涉及双重误解。"梁治平说,"第一是对伯尔曼的理解,他书里说的'believe in'到底是一般意义上的'相信',还是宗教层面上的'信',熊秉元认为是前者,那是因为他没读懂伯尔曼，甚至他可能就没有认真读这本书。因为他的这种理解本身，正是伯尔曼在他的书里要批评和超越的东西。第二是对中国古代传统的理解。熊秉元认为，中国古代的法律只跟政治有关，跟宗教没关系，这不过是一种流行的浅见。我后来在回应熊教授的文章里区分了法家的'信'和儒家的'信'。法家很讲'信'，而且特别注重法律意义上的'信'，这个'信'跟熊教授说的'相信'比较接近。儒家的'信'不一样，它更强调个人内心信念和情感，这些也是宗教的元素。严复当年在说到西方'法'这个概念的时候也指出，要把西方的'法'这个字翻译成中文，只用中文'法'这个字不行（他的原文是'灋'，也就是中文'法'的古字），因为它还包括中文的'礼'和'理'。你能说'礼'和'理'只跟政治有关，跟宗教无关吗？"谈及当年这桩译名之辩，梁治平显得云淡风轻。

1986年，梁治平加入甘阳任主编的"文化：中国与世界"丛书编委会，除了苏国勋、刘晓枫两位副主编外，该编委会成员还有周国平、陈嘉映、陈平原、徐友渔、陈来等。当时，"文化：中国与世界"丛书编委会共策划出版了四个书系，梁治平翻译的《法律与宗教》后来被收入其中的"新知文库"系列。

"那几年在我的学术生涯中也比较特殊。研究生期间没有发表过任何东西，只是按照自己的兴趣自由阅读，毕业以后开始发表文章，也不是因为学校有这方面的要求，就是自己有东西要写、有表达的欲望。1985年留校，1988年去美国访问，这中间的三年做了很多事情，教书、写书、译书，还参加很多大学外的学术活动，那时还经常熬夜，结果健康状况很差。"回首三十多年前的过往,梁治平对上世纪80年代整个社会那种朝气蓬勃的状态仍旧难以忘怀。

《法律与宗教》中译本出版后,并没有像当时其他一些中译名著如《存在与虚无》那样轰动一时,但却日渐流行,经久不衰,尤其是那句脍炙人口的"法律必须被信仰,否则它将形同虚设",俨然成为那以后译著中流传最广、引用最多的一句话。对此,梁治平虽觉意外,但也没有特别在意。后来,商务印书馆计划将《法律与宗教》(2003年增订版)收入"汉译世界学术名著丛书",开专家论证会时,梁治平也被邀请参加。论证会上,他指出,以"汉译世界学术名著丛书"所收经典作家的标准看,伯尔曼也未必合适,但如果考虑到这本小书过去几十年间在中国的巨大影响力,把它收入进去也未尝不可。

谈到《法律与宗教》中译本后来走红的原因,梁治平认为,除了作者、译者、出版者和丛书编者各自影响力叠加的原因,译著内容、篇幅、译文品质、可读性等也是重要因素,当然更重要的,恐怕也是因为它契合了时代的某种更深层的东西。梁治平特别提到他读伯尔曼时感受到的思想震撼。翻译这本书期间,他同时在写《寻求自然秩序中的和谐:中国传统法律文化研究》。这本书最后一章所讨论的中西文明交汇之际中国古代法甚而中国文明的命运,在他看来,正是伯尔曼在那本小书里讲的"死亡与再生"问题。一个文明陷于绝境,面临死亡,又如何凤凰涅槃,获得新生,都是最深刻的经验,涉及处理传统与现代、过去与未来、变革与保守、革新与认同等大问题。他当时写了两篇文章,一篇就叫"死亡与再生:新世纪的曙光",做了《法律与宗教》中译本的"代序"。另一篇的题目是"传统文化的更新与再生",原来打算作为"跋"放在《寻求自然秩序中的和谐》这本书里的,后来单独发表在《读书》1989年第2期。两篇文章讨论的是同一个主题。

虽然有这样一种思想上的激荡,梁治平强调,这与对伯尔曼的翻译却是两回事。面对原著,他对自己只有一个要求,那就是尽可能地忠实于原作,最大限度地通过翻译把原作者的思想和观点真实地呈现出来。因为遵奉这样的原则,梁治平认为,"翻译是件艰难的事情,在《法律与宗教》之后,除了一些单篇文章的翻译和译著的审校,我再也没有翻译过整本的书"。有一次,有个熟人请他为自己新出版的译著写书评,他看过后发现有很多翻译上的问题,就没有应允,而是把这些问题指出来,请那位译者再版时改正。在他看来,翻译涉及不同语言文化之间的转换和沟通,殊为不易。合格的译者,必须很好地掌握并熟练运用翻译涉及的语言,同时具备理解原著的相关知识,并具有翻译所需的经验和技巧,除此之外,还必须认真,有责任感。同时具备这些条件的人并不多。"翻译不能有硬伤,这是最基本的。做到这一点就不容易,但更难的还在后面。译名的多义性,意思上的细微差别,表达上的微妙之处,这些在翻译过程中都很容易被丢失。有的译文单看好像也没问题,但是对照原文就会发现,原作一环扣一环的论证轨迹淡化了,论述中那些起承转合的关节点也不突出,结果读原作所能感受到的感染力和说服力也大为降低。这种翻译很难用对或错来评价,但肯定不能算好的翻译,甚至连合格的翻译也不是。"另外,梁治平又说:"翻译的困难还在于，碰到难点或不懂的问题，你不能用某种方法绕过去。这跟写文章不一样，写文章遇到这类问题可以以某种方式避开，但翻译不行，译者必须忠实于原作。"

当年，某上级管理部门更新专家数据库，在必须填写的表格中，所有研究人员都被要求写500字的"主要业务成就"。梁治平觉得这种要求很可笑，于是以游戏心态草成一篇500字的"新式八股"，其中写道："以读书为乐，以学术为业，研究涉乎古今，比较及于中西，惟古文不精，西文欠通，学术碍难专精。虽然，每著一书，每撰一文，必苦心孤诣，力求发人所未发。立言不求传世，但求无愧己心，不负读者。""古文不精，西文欠通"是他对自己的评价。这大概也是他后来不再轻易涉足翻译的一个原因。所幸，他为中文学界留下了译本精良的《法律与宗教》。如今，伯尔曼的这本小册子早已跻身于"汉译世界学术名著"之列，为更多的读者所熟知和热爱。

（原载《中华读书报》2020年10月28日第7版）

梁治平，浙江大学人文高等研究院中西书院&光华法学院兼任教授。翻译的"汉译名著"作品为《法律与宗教》。

11. 王宇：
我希望将更多的世界经济学名著介绍给中国读者

王宇有四本译著被选入"汉译世界学术名著丛书"。在央行工作的她，不仅是一位有着二十多本译著的译者，还是清华大学金融学院的博士生导师（以前叫人民银行研究生院），两家报刊的专栏作家。

王宇与商务印书馆的合作，始于上世纪90年代初，因导师推荐，王宇开始为商务"马克思主义来源研究论丛"撰稿。这些动辄上万字的长篇论文，得到了商务的普遍认可。为此，"1992年加里·贝克尔获得诺贝尔经济学奖后，商务找到我，希望我能承担《家庭论》的翻译任务。他们说，翻译诺贝尔经济学奖得主著作是他们正在启动的一项重要工作，从上到下都非常重视，他们看好我。当然，如果我能够再给他们一些证明，表明我的专业水准和研究能力能够与'诺奖著作翻译者'相匹配，就更好了。我给他们寄去了我在《经济研究》和《经济学动态》等期刊上发表的学术论文，以及我在人民大学获得的吴玉章奖证书。他们经过反复研究，并且让我试译了《家庭论》的部分章节，最终将《家庭论》原著交给了我"。

彼时的王宇还在中国人民大学经济系念书，住集体宿舍，吃大食堂，没有电脑，没有金山词霸，每天清晨背着装满英文原著、英汉词典、饭盒和水杯的书包，第一个跑到图书馆抢座位，埋头翻译到深夜闭馆。

王宇

"我不是一句一句翻译，而是一段一段翻译。首先读完一个章节，再反复读懂一个段落，理解消化后，用笔将中文写在草稿纸上。每翻译完一个章节后，我就会从头到尾通读一遍，一旦感觉有逻辑不清晰或者意思不通顺的地方，就会立即撕掉重译。"为此，她经历了很长一段时间的高强度的体力脑力支出和纸张笔墨耗费。两年多时间加几大把圆珠笔芯，王宇终于完成了《家庭论》的翻译。将厚厚的手写译稿送到商务时，她的右手手指也被圆珠笔磨出了厚厚的一层茧子。

1995年春天，《家庭论》正式出版，获得了学术界和翻译界的一致好评，豆瓣评分为8.6分。因为这一良好开端，1998年阿马蒂亚·森获得诺贝尔经济学奖后，商务继续请王宇翻译阿马蒂亚·森的代表作《伦理学与经济学》和《贫困与饥荒》，并分别于1998年和1999年出版。这两本书得到了社会和学界更多关注,多次获得各类学术和翻译大奖,被许多高校列为本科生和研究生必读书目,为广大读者一致称道。《伦理学与经济学》豆瓣评分8.5分,《贫困与饥荒》豆瓣评分9分。"这是纯学术著作罕见的高分。"商务的一位编辑说。

"王宇工作认真,待人诚恳,她在中国人民银行工作已近20年。工作之中,她全心投入、全神贯注;工作之余,她潜心学术研究、关注国际前沿,将许多世界经济学名著介绍给中国读者。"这是作为《政府与市场——变革中的政府职能》一书推荐人,时任国际货币基金组织副总裁的朱民对王宇作为该书译者的推荐意见。这也是时隔20年之后,王宇翻译的第四本"汉译名著"。

细算下来,从最早的《家庭论》到2021年出版的《美国农业政策——历史变迁与经济分析》,王宇已经在商务、三联、中国人民大学出版社等出版学术译著二十多本。其中绝大多数都是为大家耳熟能详并且被大量阅读和广泛引用的重要作品。

于王宇而言,在翻译生涯中,最大的困难是时间约束。"我将自己每天的时间都用到了极限,一分一秒都会非常珍惜,但仍然感到不够用。"王宇的苦恼是实际的:她在央行工作,需要坐班、开会、出差;她是清华大学金融学院的博导,需要讲课带学生;她是专栏作家,需要按时提供专栏文章;同时她还是家庭的女主人,需要操持柴米油盐酱醋茶等琐碎事务。更重要的,王宇是一个理想主义者,凡事都会认真负责,永远都会坚守信念。有时累到极限,她就翻开自己的日程表,看看第二天满满的工作安排,会议会谈磋商,她马上意识到,自己连犹豫的时间都没有,于是,她会马上坐到凌晨的台灯下,翻开原著拿起笔。

要翻译好一本学术著作,王宇认为,译者至少需要具备以下条件:一是良好的英文基础;二是扎实深厚的专业理论;三是强大的理解力和逻辑分析能力;四是较好的中文表达能力。这些要求译者有更加深厚的理论修养、更加坚实的专业基础、更加全面的知识储备。比如,阿马蒂亚·森的《伦理学与经济学》既是一本经济学著作,也是一本哲学著作。翻译这本书,经济学专业出身的王宇自信没有问题,早在本科时她就已经反复读过卡尔·马克思的《资本论》、亚当·斯密的《国民财富的性质和原因的研究》和大卫·李嘉图的《政治经济学及赋税原理》。相比之下,她缺少的是对哲学原著的系统阅读和学习。为了能够译好这本书,王宇恶补了相关哲学著作,认真阅读了亚当·斯密的《道德情操论》、叔本华的《伦理学的两个基本问题》、费希特的《伦理学体系》、庇古的《福利经济学》和李特尔的《福利经济学评述》等。通过阅读和思考,从经济学和哲学两个方面,对阿马蒂亚·森的《伦理学与经济学》有了较好的理解和把握之后,她才动笔。在翻译《贫困与饥荒》之前,她阅读了国内几乎所有制度经济理论、公共选择理论和新政治经济学的文献,并且在学术期刊上发表了多篇关于制度变迁与经济发展的论文后才开始动笔翻译。

"二十多年来,学术翻译已经成为我生命经历、职业生涯和学术研究中的重要组成部分。它丰富了我的人生体验,拓展了我的理论基础,开阔了我的学术视野;对我的央行工作,对我的同事,对我的学生,对我的读者,都会带来一些新的、宝贵的东西。比如,在研究如何进一步完善中国货币政策框架、金融市场体系和人民币汇率制度时,《政府与市场——变革中的政府职能》《汇率低估政策的制度研究》和《价值起源》等提供了更多的分析方法和更宽阔的思考空间。在研究如何有效管控金融风险、保障金融稳定和金融安全时,《风险、不确定性和利润》《博弈论与经济行为》和《银行流动性创造与金融危机》等为我们带来了有益的参考和启示。《大宗商品价格波动与低收入国家的包容性增长》使我们更好地理解国际大宗商品市场波动、自然资源诅咒和包容性经济增长等全球性的重大现实问题。在我完成的关于中国医疗体系改革的研究报告中,《医保改革的经济学分析》提供了有价值的分析框架。在最近关于中国农业发展与粮食安全的讨论中,也将《伦理学与经济学》《贫困与饥荒》和《美国农业政策——历史变迁与经济分析》等作为理论参考。"

"一直不知道您就是翻译这些经典著作的大神,相比于现在很多非常生硬的翻译,您的专业素养和经济学功底太值得我们学习了。豆瓣读书评分能超过8分就是非常了不起了,您的每本译著都能有这么高的分数,真的是让人钦佩至极。您是真正为中国经济学发展做出贡献的人,这些名著是我们永远的精神食粮。"王宇的一位读者说。在二十多年的时间里,王宇将几乎所有的休息时间都奉献给了学术翻译。这是情怀还是本能?王宇说:"我热爱自己的工作,作为一名公务员在政府部门为国家服务为社会效力是我主动的选择。每天在办公室工作十几个小时,从来没有休过节假日也是我主动的选择。努力工作,让人民富裕让国家富强是我少年的愿望,也是我一生的理想,是我工作的动力,也是我行动的罗盘。"

"深夜,在单位工作累到极限时,我会步行回家,通过翻译平静心情,休息身体。第二天待体力和精神恢复后,我又会全力以赴、全神贯注地投入到央行工作中去。"王宇说,"终究在我内心深处,还是认为央行工作最重要,而我的学术翻译有点像别人喝咖啡听音乐一样,是一种休息,一种享受。翻译是我最放松的时候,像在与作者交谈,像在与同事聊天。感谢学术翻译给我带来了身体的休息、精神的丰富和心灵的安宁。"说这些话时,王宇脸庞明朗,目光柔和,没有一丝阴影,没有一点官腔。

对于多数人来说,无论工作多么繁忙,内心深处总还是有一些东西,比如,人生究竟当如何度过?人生的意义究竟是什么?"我很幸运,在我选择了我热爱的央行工作的同时,也选择了我热爱的学术翻译。在我心中,商务是最好的出版社,那里有国内最优秀的编辑和学者。读小学时我的第一本新华字典,读中学时我的第一本英汉词典,读大学时我的第一本经济学教科书,都是商务出版的,能与他们长期合作是我的荣幸。"

(原载《中华读书报》2021年4月14日第7版)

王宇,先后在中国人民银行货币政策司、金融市场司和研究局工作,退休前为研究局一级巡视员、副局长。现为中国人民银行金融研究所博士后导师。翻译的"汉译名著"作品有《贫困与饥荒》《伦理学与经济学》《家庭论》和《政府与市场》。

12. 晏绍祥：
翻译一本书比写一本书贡献更大

1984年的春天，22岁的晏绍祥结束内蒙古大学世界古代史专业的研究生复试，中途在北京转车回安徽时，因为候车无聊，他转悠到火车站附近的王府井新华书店，意外地发现希罗多德的《历史》、修昔底德的《伯罗奔尼撒战争史》、阿庇安的《罗马史》，向来喜欢买书的他就毫不犹豫地买下了。而在与商务印书馆的初次"相逢"之前，他从未听说过这家国内老字号出版机构的名字。后来，他买的那些书都被收入大名鼎鼎的"汉译世界学术名著丛书"；再后来，他从华中师大调到首都师大工作，成为"汉译名著"专家论证委员会委员；再后来，他成为"汉译名著"的一名译者。

第一次参加"汉译名著"专家论证会的时候，晏绍祥向商务推荐了一些书目，其中就包括后来被收入"汉译"系列的《罗马共和国政制》。"当时主要考虑是国内做罗马史的人少。另外，西方从19世纪中后期蒙森的三大本《罗马公法》出版以后，这种系统讨论罗马政治制度的书就不多，而林托特这本《罗马共和国政制》比较系统，篇幅不是很大，而且简明扼要。"其时的晏绍

晏绍祥

祥对罗马了解也不多，平时教学中，他会带领学生一起阅读这本书的英文版，后来接受这本书的翻译任务，一则是因为自己有学习的需求，再就是当时国内从事罗马史研究的人很少，关于罗马政治的讨论，很多还停留在苏联上世纪五六十年代的水平。在这样的情况下，他觉得"这本书译出来可能会有点意义"。

翻译过程中，因为涉及罗马一些具体的制度，其中一些名词的翻译颇费周折和思量。比如"praetor"这个词，到底该怎么译？当时国内有好几种译法。这个词本义是先锋官，就是打头阵的人，有的译者把它译成司法官，有的译成大法官、裁判官、行政长官，五花八门。"但实际上这个官职是帮助执政官管司法的。如果从职能上来讲，翻译成大法官是对的。"当时中国学界最流行的王以铸译的苏联学者科瓦略夫《古代罗马史》（三联书店，1957年）中，王以铸就是将这个词译成"大法官"。"从职能来讲他是对的，但后面就不合适了。"晏绍祥说，因为这个官职数量一直增加，到公元前227年增加到四个，公元前198年六个，大概到公元83年增设到八个，这样它的职能就很复杂了：有的管罗马公民之间的司法事务；有的管罗马公民和非公民之间的司法事务；甚至于有人去做了行省总督，这些人既有司法权，又有统兵权。"罗马的制度是什么？有时候需要的将领多了，就把前面的两个司法官合二为一，腾出一个人专门去统兵，你说这么个词儿翻译成什么合适？"在《罗马共和国政制》中，晏绍祥创造了一个译名——副执政官。因为他的官位比执政官要低一点，随从只有执政官的一半；他见到执政官的时候，需要起立，但是他管的职能很多，如果单纯地翻译成大法官或者行政长官，都不太恰当。

在晏绍祥之后，这个词的译法仍然是五花八门，没有定论，但相对来说，有些职位，比如说执政官，慢慢地被学界认可了。和希腊城邦一样，罗马的官职都是一年一任。但到公元前三四世纪以后，战争频发，之前的三四十个官员不够用了，但罗马的做法不是增加官职，而是将前面官员的任期延长，但是延长以后，他和常规的官员又不一样。这个官职是在拉丁文的名字前面加上"pro"，即"pro-consul"。严格地说，这个词应该译成前执政官，但他们又有执政官的权力。王以铸先生当时把它译成"代执政官"或"同执政官"。但是世界古代史权威廖学盛先生不同意这个译法，理由是罗马无所谓代理之说。对于这个词，晏绍祥后来琢磨了一个词叫"续任执政官"：虽然期限延长，但是他的权力会受到限制，随时可能被替换。

"这种涉及早期历史的词，因为理解不同，出现很多译名，确实非常麻烦,有的时候你就得琢磨怎么翻译比较合适。罗马史涉及的很多内容,我们不了解,很多东西需要去查,不过我们现在查资料比寿纪瑜先生那会儿要方便,毕竟有网络,搜索很方便,可以了解西方学者关于这些问题的讨论,你大概可以确定一个和中文比较对应的译法。"

而在几乎同一时期着手翻译的《古代世界的政治》中,晏绍祥遇到的是另外一个难题。该书作者芬利被认为是20世纪后期西方最杰出的古史学家,他一个很大的贡献,是将社会科学的方法引入古代史中。在《古代世界的政治》中,他不是按照时间顺序,而是按照不同专题来进行阐释,如阶级和国家、领袖和追随者,等等。"芬利实际上对历史叙述很少,他更多的是分析,语言特别简练,很多话说得并不是特别明确。你得去琢磨,但显然我不如黄洋琢磨得深。我翻译完之后,是黄洋帮我改的,他改得非常细致。"

《古代世界的政治》共六章,晏绍祥和复旦大学的黄洋教授合作,两人各译三章。"实际上这件事是黄洋张罗的,他要不牵头我也没把握。因为这种书真的不好译。"芬利的叙述后面有很多的潜台词,特别是他采用的是希腊城邦和罗马共和国对照的写法,即便一句话,它后面其实隐含着大量的事实。翻译时,译者必须具备相关的知识背景,才能跟得上作者的思路和节奏。晏绍祥由此感叹:翻译最理想的状态,是译者在这个领域的学问比作者还要大,至少你不能比他差,否则你很难传达他的意思。但实际上,绝大多数人都达不到这种水平。

晏绍祥说自己对于翻译谈不上什么体会,只是觉得"越翻译到后来,胆儿越小"。"翻译的一个基本问题,就是我们的学问远远赶不上人家原作者,加上语言又不是母语,就很容易出错。有人说,译书和写书还不一样,写书我写到哪写不下去了,可以绕过去。翻译你是没法绕的,你必须硬着头皮往前冲,但那时你就有可能出错。只是这种时候实际上往往出错的概率还没那么大,因为你知道你不会,就会特别小心。你实在到处查不到,还可以去问别人。最容易出错的是那种看起来不经意的,好像很简单,但实际上你可能就搞错了。这种错误主要的原因是自以为是,所以翻译的时候最怕的是自以为是。还有一个是人的注意力不可能总是那么集中,有时候你稍不留神就不知道咋回事了。"

每次商务重印《罗马共和国政制》时,他都会把书稿从头到尾再细看一遍,而且每一次都能发现错误。至今为止,晏绍祥总共译了10本书。一则因为自己的专业阅读需要,另外,他译书的范围不出希腊罗马史这个圈子,理由是:"连自己圈子里的书都译不好,你出这圈那还不纯粹出洋相?!"

从"汉译世界学术名著"的读者到译者,其间身份的转换,也多少映射了一代学人学术生涯的轨迹。"不光是我,很多做西学的人,可能都是和商务的译本一块成长起来的,因为你在八九十年代很少有其他的书可看。"因为早年读过这些译著,后来又慢慢地有机会读外文书,然后慢慢地在学术界成长起来,再回过头来做这种学术名著的译介工作。在晏绍祥看来,对有些学科来说,这些译著非常必要。一直以来他都认为,相比较而言,在某些特定领域和特定的时期,翻译一本书比自己写一本书对学界的贡献更大。"我如果自己写一本《罗马共和国政制》,勉勉强强也能凑得出来，但是肯定不如林托特写得好。现在虽然说好像文化上有很大的进步，但在很多领域，我们的实际水平仍然是在人家后面。从这个意义上来讲，这种译本的贡献，有时真比我们自己造一本书贡献更大。"

晏绍祥说，中国如果没有翻译西学，肯定达不到现在这样的水平。所以有的时候，他对翻译的态度，相对比较宽容。"它确实有很多错误，也有很多译本是属于粗制滥造，粗制滥造我们当然坚决要反对，而且自己坚决不去干，但即便是粗制滥造的，起码让中国人知道世界上还有这么一本书存在。你看了译本实在是恶心得要命，完全看不懂，你就会去看原书。这也是它的一个客观贡献，对不对？从这个意义上来讲，翻译工作不但应该做，还应该比原来做得更多更好。"

（原载《中华读书报》2021年5月12日第7版）

晏绍祥，首都师范大学历史学院教授、博士生导师，曾任中国世界古代中世纪史研究会会长、《世界历史》编委，出版译著十余种。翻译的"汉译名著"作品有《罗马共和国政制》和《古代世界的政治》（与黄洋合译）。

13. 鲁旭东：
学术翻译对20世纪中国文化的影响

"吸收和借鉴外来文化的优秀成果，对于一种文明的发展，无疑会起到非常巨大的作用。古代的希腊，文艺复兴时期的欧洲，近代的日本，在人类文明史上我们可以看到很多这样的经典事例。引进外来文化的过程中，翻译是一条非常重要的途径。回顾我们的历史，外来文化对中国也有影响，但在20世纪之前，这种影响并未产生巨大冲击。20世纪外来文化在中国的传播，从根基上对中国人的思想观念和文化产生了巨大冲击。这种冲击体现在中国现代两次大规模的思想解放运动之中，大概来说，一次在20世纪初的20年，另一次在20世纪末的20年。"

在中国社科院哲学所的一间会议室里，已经退休多年的鲁旭东为了这次采访特意从家中赶来，和此前受访的多位译者不同的是，鲁旭东特别提出要"谈谈学术翻译对20世纪中国思想文化的影响"：前一次的思想解放使中国摆脱了数千年的君主专制统治，冲破了封建文化的牢笼，开始了思想观念层面的转型历程。后一次思想解放使中国摆脱了对现代性的最后抵抗，改变了排斥外来文化的做法，为各项事业的发展提供了一个较为宽

鲁旭东

松的环境,从而使中国走上了对外开放和现代化的道路。两次思想解放过程中有一个共同的现象,就是出现了大量翻译介绍以西方为主的人文社会科学经典文献的热潮。这些经典为中国人的思想启蒙提供了丰富的营养,使中国人获得了认识和观察世界的方法,学到了我们传统文化当中所没有的思想观念和知识。

这些译著不仅向国人传播了西方思想,同时也促进了汉语的发展,汉语逐渐形成了一套比较完整的现代语法体系。同时,汉语也从以单音词为主转变为以复音词为主。鲁旭东说,这一转变非常重要,它使得学者在翻译介绍西方思想文化时可以创造出更丰富的术语,让翻译更为准确,这反过来也促进了中国学术翻译事业的发展。另外,更重要的是,翻译西学的同时,也引进了西方的治学方法,导致了中国学术思维方式的更新。"简单地说,就是学术界从过去只注重旁征博引,把圣人的经典当作判断和评价的标准的这种传统,转向了更关心思想的逻辑性和论证的严密性的思维方式。"

鲁旭东认为,无论从规模还是从深度上看,20世纪末的这次引进西方学术思想的热潮,都是20世纪初那次无法媲美的。在这次引进热潮中,国内很多的出版单位、学术机构和个人都对出版大型翻译丛书投入了巨大的热情,并且付出了卓越的努力。"商务印书馆是这两次大规模引进西学热潮的积极参与者,他们的'汉译世界学术名著丛书'在20世纪末的西学引进热潮中十分具有代表性,尤其能体现这次引进潮的几个特点:首先,范围更加广泛,内容更为丰富;其次,更注重经典和学术价值;再次,编辑出版更富有系统性;最后,选题具有鲜明的时代性。经过几代商务人以及诸多学者和译者的辛勤耕耘和不懈努力,确立了它在中国文化史上的独特地位。"如今,这项浩大的文化工程仍在持续,至今已出版了八百多种。

鲁旭东翻译的《科学-神学论战史》和《科学社会学》(与人合译)被收入"汉译"系列。这些年他在商务已经出版了七部译著,加上其他出版社出的,总字数约有四百万。能够参与"汉译名著"的翻译工作,在鲁旭东眼里,是"一件非常有意义的事情"。鲁旭东的兴趣主要偏重科学哲学、科学社会学和科学史这三个板块。1998年,他在商务出版了第一本译著《科学中的革命》。进入"汉译"系列的《科学社会学》和《科学-神学论战史》分别于2003年和2011年出版。而他选择翻译这两本书,是因为它们在各自领域中具有非常重要的地位,且当时国内没有中译本,这两本译著的出版对国内学术界有一定的填补空白的意义。

其时,科学社会学在中国刚刚起步,国内相关的学术资料很少,翻译的过程中,尤其是在翻译类似这种在国内刚刚开始建设的学科领域的学术著作时,鲁旭东经常会遇到一些意想不到的困难,有时候甚至会被一句话或者一个术语困扰很长时间。"我凭直觉意识到自己译得有问题,但问题究竟出在什么地方,我又想不明白,即使我使劲翻词典和有关的语法书,感觉语法和词句的理解好像都没问题,但还是觉得不对。""如果就这样放下了,肯定会留下一个烂尾译文。这个时候怎么办?我只能去查资料,或者是向同行请教。"但即便如此,鲁旭东还是会遭遇非常尴尬的时刻,那就是找人问了,别人也回答不了他的问题。

幸好当时作者默顿还在世,万般无奈的鲁旭东只好给默顿发邮件请教。那时候默顿将近90岁的高龄,刚刚做完手术,可是老先生非常热情,对鲁旭东的问题一丝不苟地做出了解答。这令鲁旭东非常感动。但遗憾的是,默顿于2003年过世,最终还是没能见到同年出版的《科学社会学》中译本。"他在世的时候非常希望看到中文版出版,好在他去世前已经得知自己的著作会在中国出版,而且收入中国最好的出版机构的著名的'汉译世界学术名著'系列。"鲁旭东说,这些年他跟国外的一些学者打交道,发现他们都非常希望自己的著作能够在中国出版,毕竟,能在一个十几亿人口的大国传播自己的著作,这是令绝大多数外国学者非常开心的事情。

翻译难,学术翻译更难,学术经典的翻译是难上加难。很多人想当然地以为,翻译就是把一种文字转换成另外一种文字,其实大谬不然——译者除了要掌握相当数量的词汇、语法知识和习惯表达法,还要有敏锐的语感、娴熟的中文表达能力。除了语言方面的素养,学术翻译还要求译者对专业术语、相关学科领域有相当深入的了解,并且要有精准的判断力和逻辑思维能力。

"这个逻辑思维非常重要,没有这些知识储备,译者翻译出的学术著作有可能是驴唇不对马嘴,让人不知所云。好的学术译著要让读者在阅读时能感到,他们所读的是作者的思想,而不是一串串文字符号。"

鲁旭东说,翻译是个苦差事。既然知道它难,为什么还要做?而且还坚持了几十年?他把这归因于"缘分",他的日常工作就是和翻译打交道,同时也受这些老一代专家学者的言传身教,对学术翻译有了一种使命感。"当我看到自己喜欢的名著的时候,就会产生一种与读者一起分享的冲动,而且翻译也使我获得了精神上的愉悦,使我远离躁动的现实生活,沉浸于宁静的思想世界。"鲁旭东说,和以前相比,改革开放以来由于信息的丰富和学术研究水平的整体提升,翻译的水平也提高了很多。但是最近这些年,整个社会非常浮躁,有些人急功近利,不愿意坐冷板凳,出现了很多不合格的翻译作品,这是对思想大师们的不敬,也是对经典的糟蹋,对整个学界的风气也造成了非常不良的影响。这些,属于鲁旭东强调的译者个人方面的"素养,以及内心的那些条件"。

导致这种不太令人满意的现状的原因,既有译者方面的,也有出版社方面的。一些出版社只注重经济效益,盲目跟风,有的编辑根本没有编辑译文的经验,但也照样出版译著。他印象中改革开放之前,北京出版译著的出版社不多,例如商务印书馆、人民出版社、科学出版社,等等。其中,人文社会科学方面的译著出版主要集中在商务,所以长期以来商务在译著出版方面积累了丰富的经验。"他们有一个非常好的传统,就是编辑要拿着原文和译文对照,这是一般出版社做不到的,一般出版社的编辑没那个水平,也没那个耐心。"在这种逆流中,商务能保持它一百多年的优秀传统,以传播人类文明为己任,坚持出版经典译著,是一件难能可贵的事情。

鲁旭东说,彻底清除学术翻译乱象,仅靠商务一家独善其身是不够的,还必须依靠整个出版界和文化界的力量。劣质译著之所以泛滥,除了译者和出版社的原因,一个非常重要的问题,就是社会对翻译缺乏重视:在高校和研究机构,译著不能列入科研成果,甚至连非常重要的学术经典的翻译也很难申请到科研基金的赞助,或者只能申请到一小部分,结果就导致了有能力翻译的人不屑于翻译,没能力的人乱翻译。高校和研究机构,尤其是相关的科研管理部门应当倡导尊重经典、重视翻译的风气,承认优秀学术翻译,特别是学术经典翻译的学术价值。鲁旭东说这一点非常重要。承认学术翻译的贡献,不能停留在口头的呼吁,而应该有相应的保障制度和奖励机制,才能吸引一些人才去做这些事情。只有尊重经典、重视翻译的风气得到弘扬,学术翻译的价值得到承认,才能从源头上拨乱反正,改变翻译质量难以保证的局面。

(原载《中华读书报》2021年5月26日第7版)

鲁旭东,退休前曾任中国社会科学院哲学研究所《世界哲学》编辑部主任、副主编,多年从事科学史、科学哲学和科学社会学的经典著作的翻译,已出版十余部学术译著,总字数约500

万字。翻译的"汉译名著"作品有《科学社会学》(主译)和《科学-神学论战史》(两卷)。

14. 韩水法：
学术经典翻译对我的学术生涯具有基础性意义

在网上搜索《实践理性批判》的中译本，搜狗百科显示共有四个译本——关译本、牟译本、韩译本、邓译本，关为关文运，牟为牟宗三，韩即韩水法，邓是邓晓芒；此外还有李秋零《康德全集》的译本。说起来，当年韩水法翻译康德"三大批判"之一的《实践理性批判》，起因有点偶然，原本他没有想到自己会动手做这件事情。20世纪90年代末，商务印书馆要重印《实践理性批判》（关译本），因关文运先生年事已高，商务找韩水法帮忙校对，没想到这一校就校出了很多问题，几乎原译的四成文字都有改动。"关先生外语很好，汉语典雅流畅，翻译过多本西方哲学名著，但他犯了一个学术经典翻译的大忌，这就是重要概念的不统一，同一个概念，采用几种不同的译法，从而造成误解。"另外，《实践理性批判》的德语相当繁复和曲折，为了准确地体现康德表达的本义，就要努力尊重原文的语势和句式，而这就要求遣词造句多动心思，而不能一味追求流畅。

韩水法努力以符合汉语习惯用法的句式来表达康德复杂、深奥但精确的思想。"否则读者就不知道康德论述这些观点和问题

14. 韩水法：学术经典翻译对我的学术生涯具有基础性意义

韩水法

时,他的思路和论证是怎样前进的。"超过三分之一的改动就等于重新翻译,于是商务最后决定请韩水法来重译这部经典著作。那时候的韩水法30来岁,年轻,精力旺盛,差不多半年就完成了全书的翻译。1999年,《实践理性批判》韩译本面世,直接就收进了"汉译世界学术名著丛书"。韩水法说,从本科论文一直到博士论文,他研究的题目都是康德哲学,这是他能够成功地移译康德第二批判的底子。

除了《实践理性批判》,韩水法的另外两本译作《社会科学方法论》和《民主与资本主义》也被收入"汉译名著"。和康德著作一样,马克斯·韦伯的著作也有许多不同的中译本。1999年,韩水法与人合作的《社会科学方法论》译本首次出版,实际上,译稿在1990年就已经完成。早在中国社科院读博士期间,韩水法就开始阅读韦伯文献。"中国最早关注和介绍韦伯的有一些经济学者,我通过他们开始接触韦伯。因为我写过几篇韦伯的研究文章,当时中国社科院历史所的陈启能先生托人请我翻译韦伯的著作,他们提出翻译Shiles等人的《社会科学方法论》英译本。这个本子从德文《科学论文集》选译了几篇经典文献。我将英译本与德语文集中的原文一对照,发现英译本改动很大,于是决定根据英译本的选目,从德文翻译。韦伯是一位大思想家,思想和理论不仅关涉许多基础和重要的领域,而且相当深刻和复杂。韦伯又是一位学术天才,思维敏捷,有时候一个晚上就可以写出两万多字的学术论文。他才活了56岁,却贡献了多种学说,那么宏大的理论体系。不过,因为思想泉涌的缘故,韦伯原文的有些句子就显得极其复杂、晦涩,有些句子甚至在语法上是不完整的,这就给翻译带来了巨大的困难。"

1988年,韩水法博士毕业后到北大哲学系任教,第二年即着手翻译《社会科学方法论》。那时候条件艰苦,生活上的诸多不便倒也罢了,他面临的最主要的问题是韦伯的资料很少,其时学界对韦伯的研究也不多,国内图书馆收藏的韦伯著作和研究文献很少,好在北大还能找到几本。

比《实践理性批判》更早翻译完成的《社会科学方法论》,几经周折,1999年在中央编译出版社出版。其时已经有了台湾地区的译本和李秋零的译本,韩水法自嘲"起个大早,赶了个晚集"。几年后,这本译著被商务纳入"汉译名著",他借此机会又重新校对了一遍。"但《社会科学方法论》所论述的思想相当复杂,涉及的历史和社会等知识极其广泛,再加上前面所说的因韦伯才气所导致的现象,将他的思想以汉语准确地表达出来,在某种意义上比翻译《实践理性批判》还难——因为《实践理性批判》是康德成熟的理论,而康德的理论是相当内在一致的,所以有些句子看起来很复杂，但其内在理路却是相当清晰的，因此更容易把握。"

韩水法在韦伯研究上下过不少功夫。他曾撰写了一本研究著作《韦伯》，在台湾地区出版。作为一个受过严格学术训练的学者，韩水法在翻译经典著作时，非常讲究版本的选择，比如康德著作的翻译要依据普鲁士科学院编辑的学院版。韦伯著作的德语版本相对要简单一些，权威的版本主要由德国图宾根的J. More出版社出版，分为两类，一是早期出版的著作和专题文集，二是韦伯全集。

现在韦伯著作汉译出现一些问题的一个原因，就在于有些译者对韦伯著作版本演变不甚了解。比如，1921—1922年间韦伯夫人玛丽安娜主持编辑的《经济与社会》，其中一些章节是从韦伯的众多手稿中抽取出来的，因此，它并不能够完整地反映韦伯在这个题目之下的思想和理论。罗特等人编辑和翻译的英文版《经济与社会》是一个集体作品，它以《经济与社会》第四版为根据，与后来通行的经过较大修订的第五版目录和内容并不一致。自上世纪70年代起，由德国社会学家和韦伯专家H. Baier、W. Mommsen等人发起编辑和出版韦伯著作全集，它所收入的所有著作、论文等文字都是根据韦伯生前已出版的著作、论文以及未出版的手稿的本来结构编辑而成，因此，原来被编入或拼入《经济与社会》的文字，现在都恢复至韦伯手稿的本来面目。在这个全集中，第一部分"著作和演说"的第22卷一共有5分册，全以"经济与社会"加专题的形式命名，比如，第5分册的名称是《经济与社会——城市》（Band I/22,5:

Wirtschaft und Gesell-schaft. DieStadt），每分册从近400页到近1000页不等。第23卷至第25卷的命名方式也是如此，每卷的篇幅也是从近300页到近800页不等。总共加起来，篇幅远远超过先前的《经济与社会》。"因此，如果现在要系统地翻译韦伯有关经济和社会理论的著作，作为严肃的学术工作，就应当按照这个全集版来进行翻译。尤其在这个全集版编辑出版之后，再将罗特那个英文版的《经济与社会》翻译成汉语，学术价值也就不高了。"

翻译韦伯面临的另外一个棘手问题是，韦伯的知识面极广，而所涉及的欧洲封建制度又极其独特，与英国大为不同，有些甚至没有对等的英语词语，英文翻译因此常常就有精简甚至删节。即便《社会科学方法论》中的几篇论文，也涉及许多相当精深的专业知识。"那时候翻一本书要花很多工夫查资料。比如说某个词语或概念有疑问或普通词典查不到，就要跑图书馆查辞典、查百科全书。"另外，就是直接去请教专家。当年译这本书时，遇到一个不小的困难，即韦伯所论及的西方音乐史知识，而后者是韦伯用来解释西方合理化进程的重要证据。不懂音乐的韩水法就去请教北大西语系教授严宝瑜，严先生既是德国文学和语言的教授，又是国内首屈一指的西方音乐史专家。老先生非常热心，为了回答他的问题，在北大燕东园的住宅小楼里不断地上上下下，搬来一本又一本厚厚的专业辞典和著作，耐心解释，给出权威的解答。

在韩水法的计划里，原本要把韦伯的《学术论文集》全部翻译出来，同时充实和修订《韦伯》，在大陆出版。但缘于学术兴趣的广泛和转移,而现在更是专注于汉语哲学和人工智能的哲学问题,一时难于回到韦伯研究上来,但在相关的研究中,他常常还会回到韦伯的理论。

相比翻译,韩水法更愿意从事原创的研究,而翻译原本也是为了研究的需要。他认为,任何经典的学术译著始终处于不断完善的过程中,尽善尽美的译本是没有的。所以,学术翻译的批评,就如学术批评一样,是促进学术翻译质量不断提高的重要动因。不过,学术译著的批评,也要像学术研究那样,根据事实来说话,比如,一本译著有哪些问题,要有原文和译文对比的证据,要有理论的分析,这样的批评才够得上严肃的学术批评。看不懂虽然可以是质疑的出发点,却不是批评的理由。要理解和研究诸如康德和韦伯这样的伟大哲学家和思想家,除了系统的学术训练,还需要相应的专业知识和其他知识。对韦伯著作来说,尤其如此。韦伯著作的翻译问题的另一个原因,实则就是有的译者缺乏专业的和专门的知识。

"一名之立,旬月踟蹰。"一百多年前,严复老夫子的这句慨叹道尽了中国几代译者的艰辛与不易。韩水法记忆特别深刻的是,在翻译《实践理性批判》时,"Neigung"一词的译法让他考虑良久。"'Neigung'是指人先天就有的一种倾向,通常译成'偏好',其实,它不是指一般意义的偏好。一个人遇到大火就会避开逃走,这是人的本能,但按照康德的道德法则,他应当去救人,那么,他就要克服他的'Neigung',也就是那个天生的本能。用'偏好'译'Neigung'不准确,'偏好'的意思太弱,不能准确地体现康德的原意。"韩水法最终自己创造了一个新词"禀好"。在确定这一译名之前,他花了许多时间研究组成这个词语的两个字的本义,以及构词是否合适。从历史上来看,随着19世纪末之后的西学东渐,为了准确表达西方的观念和思想,中国学界先辈也创造了许多汉语词语,还有许多来自日本学者的创制。只不过那些前辈的汉语的根底深厚,又多数留过学,他们创造的一些译名沿用至今。当然,随着学术研究的深入和拓展,原有的一些术语或许要改进,也需要创制一些新的词语来表达新的观念。不过,现在看来,情况并不那么理想。在人文社科领域,对于新的专业术语的处理,不少人还是比较随意。

"任何经典学术著作的翻译,比如'汉译名著'所收录的那些著作,都应该先做必要的研究,像康德、韦伯这样的大思想家大哲学家,更要在深入研究的基础上才能动手。"从这个意义上来说,韩水法认为学术经典翻译对自己的学术生涯有基础性的意义。在他看来,翻译经典著作,能让自己更加准确和细致地理解和把握这些经典文本及其所表达的思想。虽然一些研究资料和文献可以通过原文著作获得,但作为以汉语为母语和工作的学者,同样必须以良好的汉语表达自己的研究成果。"好的研究和翻译,必须以对原文的准确理解为基础。"2020年上半年研究胡塞尔的意识理论时,韩水法把所引证的原著文字几乎都重新翻译了一遍,但他同时把汉译本和德文本的页码都标了出来。韩水法之所以这么做,是"因为他们的理解和我的理解有差异,甚至有很大的差异,但他们的翻译工作应当得到尊重"。

"从上世纪初,尤其是改革开放以来,我们的学术体系在某种意义上是重建,有的甚至是新建,韦伯研究便是如此。无论学术研究还是翻译,都取得了长足的进步。不过,到现在为止,经典著作的翻译依然属于基础性的工作。"良好的汉语修养也是良好的翻译的基础条件。"就我的经验,有些译者和学者,对外语或很讲究,而汉语则仿佛是本来具足,并不用心,因此汉语水平的欠缺反而成了翻译的绊脚石。"此外,还要有认真的精神和严肃的态度。"但据我所看到的现象,同时具有专业知识、高水平外语和汉语知识以及认真态度的译者,还是远远不够的。"韩水法的观察,也正是中国当下学术翻译面临的问题。

(原载《中华读书报》2021年6月23日第7版)

韩水法,北京大学博雅讲席教授、哲学系学术委员会主任,北京大学外国哲学研究所所长,中华全国外国哲学史学会副理事长。翻译的"汉译名著"作品有《实践理性批判》《社会科学方法论》和《民主与资本主义》。

15. 王荫庭：
习四门外语，毕生俄译名著四百万言

和远在南京的王荫庭先生通电话联系采访时，87岁的老先生因听力衰退，在我一字一顿地说明来意后，电话便转由他老伴接听。后来，我和王荫庭先生的交流联系主要是通过和王师母的微信。而这次的采访也是依据王师母发来的王先生的书面作答。

"我这辈子学习和研究的重点主要在两方面：一是普列汉诺夫和马恩列的著作，特别是他们的哲学著作。二是西方哲学史，主要是17到19世纪这一段，特别是黑格尔哲学。所以我的翻译工作就集中在这两方面。"王荫庭一生中依次学习过英、俄、德、法四种外语，用于翻译的只有俄文。译文字数共有四百多万字，但最终出版成书的却只有三百多万字，其余七八十万字的译稿在"文革"中红卫兵抄家时散失，至今不知所终。

1951年，王荫庭考进北大哲学系，选修了贺麟先生为该系三、四年级学生开设的选修课"黑格尔《小逻辑》"。这是贺先生在北大最后一次正式开设的课程，王荫庭是选修这门课程的唯一一名新生。认识贺先生后，他就常去贺先生家请教有关黑格尔哲学方面的问题。当时王荫庭和贺麟都在学习俄文,在加快记忆单词和成语的同时,王荫庭也选读了俄文版《马恩全集》中的一些文章,并尝试着进行翻译。据王荫庭回忆:有一天,他把自己翻译的一篇马克思给查苏利奇的信,拿去请贺麟先生审阅。贺先生看了就哈哈大笑,因为他把信中的第一句话译成:"十年来定期发作的神经病妨碍了我,使我不能较早地答复您。""马克思怎么会有神经病呢?"贺先生说,"应该是'神经痛'。"(王荫庭注:《马恩全集》中文第一版第35卷第159页上的译文是"十年来定期发作的神经痛妨碍了我……",这里应该把"神经痛"改译成"神经疾病"。当时编译局翻译《马恩全集》主要是从俄文翻译来的。因我手中没有德文原版书,无从查起,从俄文原文查词典,此单词没有"痛"的意思,只有"病、疾病"的意思。医生常常把各种神经疾病简称神经病,在他们理解说"神经病"就是神经有病。他们不考虑与作为精神病俗称的神经病是同一意义。因此翻译成"神经病"严格说来并不错误,只是没有与作为精神病俗称的神经病相区别开来。而且在《马恩全集》中的先后一年多的书信中马克思都没有讲到神经痛,只讲到失眠症。"这一年来我一直患着该

王荫庭

死的失眠症。"见《马恩全集》第34卷第272页。)他又说:"翻译一篇文章以后,一定要自己作为读者,把译文认真地至少读一遍。把容易发现的错误改正,同时删掉一些多余的和可有可无的字、词。"贺先生还说,搞翻译应该和研究相结合。在研究指导下翻译,在翻译基础上研究。这应该作为从事翻译工作的指导方针之一。遵照贺麟先生的提示,王荫庭此后就是这样从事普列汉诺夫研究和翻译的。

中华人民共和国成立初期,全国大力开展思想改造运动,慢慢地极左思潮流行开来。中学时期就接触马克思主义思想的王荫庭,上大学之后决定以后为发展马克思主义做出贡献。但由于形势的原因,他改变了想法,大学毕业后只从事翻译,不写文章。1954年冬,所有课程都修完了,王荫庭开始为以后从事翻译工作做准备。他买来了人民文学出版社出版的《瞿秋白文集》(二),首先读了其中"论翻译""再论翻译"两文。他基本同意瞿秋白的翻译思想:用口语化的白话进行翻译。随后根据瞿秋白所译的高尔基"海燕"和著名翻译家刘辽逸翻译的爱伦堡《保卫和平》一书对照原文进行学习。当时,主流媒体正大力宣传斯大林新著《苏联社会主义经济问题》,王荫庭翻译的第一篇文章是苏联《真理报》上登载的"反对庸俗地理解社会主义基本经济规律"。此文于1955年11月15日发表在《光明日报》上。这也是他公开发表的第一篇译作。

1956年武汉大学哲学系恢复,王荫庭从辽宁调进武大哲学系,在资料室任职。当时逻辑学家江天骥得到了几本苏联新出版的逻辑学论文集。不懂俄文的江天骥,找他帮忙翻译。王荫庭翻译了约二十来万字，交给了江天骥。后者又从北大宋文坚教授那里得到另一些逻辑学文集译文共十多万字，合并后交给湖北出版社。"文革"开始，出版没了下文，连译稿也音信全无。

王荫庭的第二篇译作是自苏联《哲学问题》上翻译过来的"赫拉克利特哲学中的辩证法和唯物主义"，刊登在1957年第2期《哲学译丛》上，由苗力田先生校订。后来，他还从《苏联大百科全书》上选译了一些条目，如"普列汉诺夫"等，1956年分别由三联书店和人民出版社出版。还翻译了长文"新黑格尔主义"，随即发表在《哲学译丛》上。其后的《费尔巴哈哲学著作选集》两卷集"俄译本序言"、《孟德斯鸠选集》"俄译本序言"等等，译好后寄给三联书店并出版。后来由于出版社之间有分工，三联书店将这些译稿移交给了商务印书馆。

1958—1959年，王荫庭先后翻译了霍尔巴赫无神论名著《健全的思想》和斯宾诺莎《笛卡尔哲学原理》两书，译好后寄给商务。1962年7月，经人民出版社总编辑王子野批准，他被接收到人民出版社担任编外临时编译工作，专门翻译普列汉诺夫反面政论著作，供中央领导同志进行反对赫鲁晓夫现代修正主义斗争参考。后来出版的这类著作，就是所谓的"灰皮书"。在人民社工作的两年半时间里（1962年7月—1964年年底），翻译普列汉诺夫反面政论工作之余，王荫庭利用晚上时间先后校订了《健全的思想》和《笛卡尔哲学原理》两稿。后来，这两本书均由商务出版。

当时，王太庆先生住在美术馆附近，在人民社工作期间，王荫庭在翻译中遇到了困难就去向王先生请教。那时候电话还没有普及，每一次他都是突然造访，王太庆先生都会立即把手头正在做的工作放下，详细地解答他的问题，从无厌倦之态。"当然，我提出的问题，他并非都能立即解答。但他总是尽力帮我查阅他手边的辞典和书籍，或者凭借他的翻译经验，告诉我可以去查阅哪些书籍。按照他指引的方向查阅资料往往真能解决问题。也许是由于一个人孤独，每次解答完毕，他总是留下我闲聊，聊的也都是翻译方面的话题。"

某次，王太庆先生对王荫庭说，翻译时，特别是翻译西方古典哲学原著时，总有一些词语或句子没有见过，或者不懂，或者不能按现成的意思或字典上的解释来理解。如果没有相关的知识，就找不到正确的译文。怎么办？到哪里去找这些相关的知识？如果稿子等着急用，就必须短时间内找出这些知识。而且即使找到了某种知识，获得对所译词语或句子的一种理解，还必须判断这种理解是否正确，是否与前后文融洽，等等。因此做好翻译工作，基本前提是中外文好，懂专业。当然，积累广博的学识和丰富翻译经验也是重要的。还有一项重要的任务，就是经常自觉地不断培养快速地找出、补充自己所缺乏而又是完成任务所必需的相关知识的能力。翻译不仅是一种学问，而且是一门技艺，需要操作经验的积累。

王荫庭认为，太庆师讲的这些经验，应具有更普遍的意义。

1976年，王荫庭参加了湖南省《辞源》修订组工作。在修订组资料室里，他第一次看到了大量的中国古籍可以公开自由取阅。在两年半工作期间，除参加修订《辞源》2—4册工作之外，他还读了许多文史古籍，如《四库全书总目》《史记》《三国志》《资治通鉴》、王阳明全集、韩愈等人的文集,以及一些法家著作。虽然都只读了很少一部分,但他却从此对中国学问产生了浓厚的兴趣,特别是文史方面,甚至产生改行研究国学的念头。

1979年,重新回到武大的王荫庭被安排在陈修斋先生领导的西方哲学史教研室工作,并受到陈修斋的重视、热情支持和大力提携。1985年晋升教授。1980年,他在《光明日报》上发表了"评《辞海》'普列汉诺夫'条"和"青出于蓝而胜于蓝——论列宁哲学思想的发展与普列汉诺夫著作的关系",同年在《哲学研究》第十期发表"普列汉诺夫对发展马克思主义地理环境学说的重大贡献",等等。这期间,北京出版社来信约他写一本介绍普列汉诺夫哲学思想的著作。1988年,六十多万字的专著《普列汉诺夫哲学新论》由北京出版社出版,并于次年获北方十五省市区优秀图书奖;1992年获《光明日报》主办的全国改革开放12年来优秀学术著作"光明杯"二等奖;2021年作为原创名著被商务收入"中华当代学术著作辑要"丛书。

1997年1月,王荫庭收到三联书店前总经理沈昌文的来信,约他编译一本《普列汉诺夫读本》,作为其主编的那套世界名人读本之一。根据要求,王荫庭从《普列汉诺夫哲学著作选集》五卷本中选择《论一元论历史观的发展问题》《论个人在历史上的作用问题》《马克思主义基本问题》等书和文章摘译了20多万字。这就是后来2008年中央编译出版社出版的《普列汉诺夫读本》。

"我之所以将摘录的这些文字重新翻译,主要是因为《普列汉诺夫哲学著作选集》五卷本前三卷中文本出版年代较早,译文有不少问题。多年来我早有翻译普列汉诺夫哲学著作的心愿。特别是他最重要的代表作《论一元论历史观的发展问题》。由于他的所有这些哲学著作都有中译本,有的译本还远不止一种,考虑到翻译之后难以出版也就将这个心愿放下了。以前我并不知道重要的历史典籍可以有多种译本这个惯例,后来知道了,因此就有了2010年我重译的《论个人在历史上的作用问题》《论一元论历史观的发展问题》等书。"

2021年,为了献礼建党一百周年,商务计划推出《普列汉诺夫文集》12卷本,其中8卷是王荫庭翻译的。另外,这8卷还将由商务另出单行本。其中《论一元论历史观的发展问题》《论个人在历史上的作用问题》已收入"汉译名著",即将收入和很可能收入这个系列的还有《唯物主义史论丛》《无政府主义和社会主义》《工团主义和社会主义》和《跨进二十世纪的时候——旧〈火星报〉论文集》。算下来,王荫庭的译作除上述以外,再加上《健全的思想》《给欧仁妮的十二封信》和《笛卡尔哲学原理》,共有7到10本列入"汉译名著"。

2019年重校《笛卡尔哲学原理》后,王荫庭的双眼因黄斑变性严重恶化,早已看不见书报上的文字,虽然脑子还很清楚灵活,但遗憾的是再也不能从事翻译等文字工作了。

(原载《中华读书报》2021年7月7日第7版)

王荫庭(1934—2023),湖南湘潭人。1955年北京大学哲学系毕业。分配到武汉大学哲学系任教。1962年7月至1964年年底在人民出版社从事临时翻译工作。1979年回武大任教。历任讲师、副教授、教授。1987年3月经解放军总政治部特招入伍,调南京政治学院哲学系(现国防大学政治学院)任教授。1993年10月获得国务院政府特殊津贴,1994年退休。至今共翻译出版三百余万字,均由俄文翻译。翻译的"汉译名著"作品有《论个人在历史上的作用问题》《论一元论历史观的发展问题》《健全的思想》和《笛卡尔哲学原理》。

16. 蔡运龙：
借他山之石，打开地理学理论宝库的大门

"我是学地理的，地理学在我们国家属于理科，而'汉译世界学术名著丛书'主要是社会科学方面的，实际上地理学是社会科学和自然科学交叉的学科，所以地理学经典著作列入这套丛书具有特殊的意义。我手头有一本商务印书馆1939年出版的《地理哲学》，是王云五老前辈编的地理学丛书中的一种，对地理学的学科地位进行了哲学解释。可见商务印书馆注重地理学理论著作出版的传统久矣。在相当程度上，我学地理，至少在地理学理论学习上，是从读商务的书开始的。"2021年5月22日，在"汉译世界学术名著丛书"出版四十周年座谈会暨第二十辑专家论证会上，作为"汉译名著"的译者和专家论证会成员，北京大学城市与环境学院教授蔡运龙的这番发言引起与会者的强烈共鸣。和很多人一样，蔡运龙最初是商务的读者，后来成为商务的译者和著者。的确，他每每出席商务的座谈会，总有言者不约而同地说道："我是读着商务印书馆出的书进入学术界的。"

回想当年，蔡运龙开始学习地理学的时候，如饥似渴地阅读课堂教材以外的地理学著作，可读到的那些书，正应了

16. 蔡运龙：借他山之石，打开地理学理论宝库的大门

蔡运龙

"Geography"的字面意义，基本上全是关于世界或某地的"描述"。"我那时井蛙观天却又血气方刚、好高骛远，一直思考地理学的思想和理论何在。这时读到了商务出版的《地理学性质的透视》，这是一部从哲学高度总结地理学理论和方法论的著作，也是第一本列入'汉译名著'的地理学著作。读后才知道地理学的思想、理论以及关于思想、理论的争论是如此深邃、精彩，这本书为我打开了一扇地理学理论宝库的大门。"

1986年，蔡运龙考入中科院地理所，师从著名地理学家赵松乔先生攻读博士学位，而赵先生正是《地理学性质的透视》的译者（署名黎樵）。读博期间，赵松乔看他的英文阅读能力不错，中文表达能力也还行，于是推荐他参加哈维著《地理学中的解释》的翻译工作。"翻译的过程很艰难，有时候甚至一段话要琢磨一整天才搞清楚是什么意思。"原因在于：一是作者哈维的英文表达非常深奥，而且这本书又是讲的哲学方法论，本身内容就

很抽象。二则，这是蔡运龙翻译的第一本书，以前他虽然也有翻译的经历，但都不过是一些小文章而已。

1996年，被称为西方地理学圣经的《地理学中的解释》一书被列入"汉译名著"系列出版。"高泳源先生翻译的前两章，我师妹刘立华翻译了中间几章，最后七八章压阵部分是我来翻译的。"除了翻译本身的难度，那时候条件也比较艰苦，没有电脑，译稿都是手写，稿纸上画得乱七八糟，一本六百多页的大部头的译稿，抄写也是一个大工程。那时候，蔡运龙还得忙着写博士论文，好在有夫人帮忙，动员她那些闺蜜们一起誊抄译稿。

参与翻译这本书，蔡运龙说其中一个重要原因是为了自我学习和提升。博士论文写作过程中，他老是感觉缺少一些理论基础和支撑。论文做的是土地类型，涉及方法论当中的分类，正好这本书中专门有一章谈这个问题，于是他一边翻译，一边将分类的理论知识大量引用到自己的论文中。如今，距离这本书的出版已过去了25年，考虑到当年翻译时精力未能全部投入，且功力、学养方面有所不足，翻译这样的大部头难免有缺憾，现在回头去看，书中有些地方还需要推敲，他期待以后能有机会重新翻译。

1990年，他受邀参加商务在北京西山召开的"汉译名著"专家论证会。会上，除了赵松乔先生，尚在北大做博士后的小字辈蔡运龙，还见到了吴传钧、葛以德这些民国时期就留学海外的地理学界老前辈和杨吾扬、牛文元等风头正劲的地理学家。"跟他们在一起，确实是受益匪浅。"至今，蔡运龙在商务已出版了九本著作和译作，除了《地理学中的解释》，他翻译的《哲学与人文地理学》后来也被收入"汉译名著"。这本书将地理学有关的哲学分为四种：经验主义哲学、实证主义哲学、人文主义哲学、结构主义哲学。地理学，尤其是人文地理学，和哲学思想有密切关联，而中国的地理学界却很少注意理念论、现象学、存在主义等这些西方人文主义哲学理论。出于"补课"的需要，他早在博士期间在地理所资料室看到这本书时，就非常感兴趣，加之到北大工作后又深受林超和陈传康两位导师的影响，对理论的兴趣进一步加深。在没有出版方邀请的情况下，自己就开始着手翻译了。翻译完成，原本计划收入"西方现代学术文库"，后因故搁浅。后来他将译稿交给了商务，没想到出版后，受到了地理学界的广泛欢迎。

当初在导师赵松乔的推荐下参加翻译工作，其深层动力还是来自于他对理论的兴趣。"风格即人"，如果说学者也能以风格标示的话，那么在中国地理学界，蔡运龙是以理论和思想著称的。而这，蔡运龙归之于从翻译工作中获得的益处。"现在国内几乎所有的地理学者都在疲于奔命，项目太多，这些项目大多针对具体的实际问题，适应国家需求，但与此同时忽略了地理学本身的理论建设。"而"汉译名著"所收的经典地理学著作以及由蔡运龙参与主编的"当代地理科学译丛"，对我们国家的地理科学理论建设起到了非常重要的作用。前不久，中国地理学会发布了"地理科学十大经典读本"，这是通过地理学界广泛推荐、评选，最后选出的十大地理学名著，十大读本中有七本是商务出版的，其中包括列入"汉译名著"和"当代地理科学译丛"中的地理学译著。

"当代地理科学译丛"出版时,作为该丛书的编委,蔡运龙应现任商务总经理李平之邀写了译丛序言。"对国外学术名著的移译无疑是中国现代学术的源泉之一,说此事是为学的一种基本途径当不为过。地理学界也不例外,中国现代地理学直接就是通过译介西方地理学著作而发轫的,其发展也离不开国外地理学不断涌现的思想财富和学术营养。感谢商务印书馆,她有全国唯一的地理学专门编辑室,义不容辞地担当着这一崇高使命,翻译出版的国外地理学名著已蔚为大观,并将继续弘扬这一光荣传统。"序言中的这段话,是蔡运龙的肺腑之言。

蔡运龙认为,中国地理学的发展需要加强理论的支撑。在中科院院刊某一期中,他读到一位地理所毕业的学者的文章。文中指出,我们国家现在的自主创新遇到了一些瓶颈,显露出了我们科技界的一些问题:科研投入大规模增加,但科研产出并没有相应成比例增加,反而是出现了低水平的重复;还有科学体系缺失,原始创新匮乏,科学大师难产,学术生态恶化。"作者认为这些问题的根源在于哲学的贫困。我们科学界对于西方的科学技术只注意它的方法论,而没有注意它的思想,这就使得我们缺少了科学精神,包括所谓学术生态的恶化都和哲学、伦理的贫困有关系。"蔡运龙深以为然,从这个意义上说,国外经典地理学著作的引进和翻译有其不可替代的意义和贡献。

在"地理科学十大经典读本"发布会上,蔡运龙将自己的这些译著称为"坐冷板凳的结果",而且也很享受这种坐"冷板凳"的感觉。但长期坐"冷板凳"的另一结果就是腰部疼痛,"汉译名著"四十周年纪念大会那天,五月下旬的北京已是非常炎热,因为腰痛,他必须在衬衫外戴上护腰,在接受本报采访时,细心的商务编辑特别为他找了一把较为硬实的带靠背的椅子。除了腰疾,老先生看上去面色朗润,身板笔直,丝毫没有73岁的老态,在大会结束合影时,他还特意解下了护腰。

(原载《中华读书报》2021年8月18日第7版)

蔡运龙,北京大学教授,《中国大百科全书·地理学》(第三版)主编,《地理学报》副主编。曾任高校地理学教指委主任、中国地理学会副理事长。翻译的"汉译名著"作品有《地理学中的解释》和《哲学与人文地理学》。

17. 张祥龙：
它激发我去理解中国哲学中神秘体验的向度

以中西哲学比较研究蜚声学界的张祥龙，认为在自己一生的学术研究中，纵然学习和谈论过再多的哲理思想，但总是感觉到"意犹未尽"，直到他"遇到"了比利时神秘体验论（神秘主义），以及它的代表人物吕斯布鲁克及其经典著作《精神的婚恋》。"翻译这本书（《精神的婚恋》）在我学术生涯中有画龙点睛的作用，现象学也好，中国哲学也好，我别的东西都学了很多，讲了很多，但总觉得意犹未尽，未尽在哪？就是最终极最原发的那个东西，没有讲出来。从现象学和中国哲学里，我所体验的那些思想，还是没有点到这个'睛'。"张祥龙说，这本书的翻译让他受益不少，"起码是跟我追求的学术理想中的一个很重要的维度呼应起来了，它激发我去理解中国哲学中神秘体验的向度"。

1992年9月，著名哲学家、黑格尔研究专家贺麟辞世，作为私淑弟子的张祥龙写下"我与贺麟先生的师生缘"一文，深情纪念自己的这位哲学启蒙导师。上世纪70年代中期，青年时代的张祥龙跟随贺麟读斯宾诺莎的《伦理学》。这本给他带来深刻个人体会的著作，成为他哲学启蒙之书。而当年读《伦理学》获得的

17. 张祥龙：它激发我去理解中国哲学中神秘体验的向度

张祥龙

神秘体验，在二十多年后读吕斯布鲁克的著作时不期然地再次相遇。"当年我读《伦理学》时就有这种神秘体验的维度，虽然它在表达上非常理性，但其思想的最高境界是人对神的爱。有人认为它是完全理性化的，是斯多亚主义的现代版，但我读出来的斯宾诺莎，那种人对神的爱不是抽象的，所以我接触到吕斯布鲁克的时候，就有所感应。"

1997年，张祥龙受北大哲学系委派去比利时进行学术交流。同行的学者中，有人去了鲁汶大学，他去了安特卫普大学的吕斯布鲁克研究所，这成为开启他认识吕斯布鲁克的一个契机。虽然鲁汶大学的名气大些，但他觉得以自己的性格，以及后来他和吕斯布鲁克的著作结缘，以此了解西方整个基督教神秘体验论的特征，去安特卫普倒是更为合适。在安特卫普，张祥龙深入地研习了吕斯布鲁克其人其著作，研究所还派了他们最好的专家、国际知名的研究神秘体验论（国内翻译成神秘主义）学者莫马子教授专门来辅导他。莫马子是个很有意思的人，非常热情，经常请张祥龙去他家喝葡萄酒，说研究神秘主义，就是要喝酒，这样精神上才能体会到一种沉醉，进入神秘体验的境界。

基督教是西方文明中最重要的两个来源之一，而神秘主义/神秘体验论实际上是基督教真正的源头。张祥龙认为，其实全世界人类群体的开创者们都可能有过神秘体验，但是基督教的神秘体验论，特点是强调人神之爱，也就是神对人的爱和人对神的爱，尤其是人对神的爱，如何经验到，如何以某种方式表达出来。从12世纪开始，西方世界就出现一股爱的神秘体验的潮流，在这一潮流中，宗教学说只是其外在形式，其实质是人与神之间精神上的内在交融。时风所及，不仅仅在比利时，包括现在的荷兰甚至德国和法国的一些地方，整个低地地区，还出现过beguines（女自修士）的运动。吕斯布鲁克研究所所长德·巴赫知识渊博，人也特别好，经常带他去参观这个流派的一些历史遗迹，还向他展示相关的藏书手稿，其中有些是中世纪甚至更早些的羊皮纸手抄本，非常珍贵。理论的阅读、感性的游历、参观，所有这些，让张祥龙对神秘体验运动有了一种现场经历。

基督教神学是哲学的一部分。理解基督教或基督教神学，除了其（尽量）理性化和体系化的学说以外，还有它们所源出的终极体验，否则，对基督教的理解是残缺的，大而言之，对西方文明的精神的领会也是不全面的。出于这种考虑，张祥龙决定把他在安特卫普大学学习接触到的西方神秘体验论介绍给国内学界,这样一来,自然要从吕斯布鲁克的著作,尤其是他最具代表性的《精神的婚恋》着手。"洋务运动以后我们引入西方思潮,主要介绍科学技术,当然后来也涉及文化、宗教和哲学。但在引入基督教的时候,基本上是从唯名论、唯实论这些主流学说切入,其实像奥古斯丁,他本人就是一个很重要的神秘体验论者,他接受的是普罗提诺,如果不懂神秘体验,就没法从根本处理解普罗提诺和奥古斯丁。"

为此,张祥龙后来曾邀请几位比利时的有关学者来北大访问交流,他当时还计划组织翻译一批神秘体验论的著作,初步列好了二三十本书目,他的规划,是将这个系列做成一个体系,不光是基督教的,东方的神秘体验论方面的书也可以收进来。好几家知名的出版社对这套书很看好,纷纷向他表示合作意向。但这个计划终未能圆满完成。

张祥龙列出的书目里,有好几本是吕斯布鲁克的,其中最重要的就是这本后来收入商务"汉译世界学术名著丛书"的《精神的婚恋》。"这本书全世界有很多译本,有的译本,比如说英译本,就有好几种。中国学术界介绍得比较晚,所以我就有这个心思,既然没法系统地介绍,作为单本翻译,我想还是有可能的,将来有出版社愿意出,就更好。但是因为当时很忙,就把这事放下了。"

新的契机是,2011年,张祥龙有机会再度访问安特卫普大学,和第一次去的时候吕斯布鲁克研究所冷冷清清不同,这次他发现西方一些大学对神秘体验论很感兴趣,不少学者来此访问交流,其中包括来自哈佛、牛津这些一流大学的中青年学者。这次,张祥龙最主要的一个目的就是将《精神的婚恋》翻译出来。这期间,跟德·巴赫的接触特别多,翻译一遇到疑难就请教担任《吕斯布鲁克全集》主编的这位学者,德·巴赫也特别乐于答疑解惑。几个月后,张祥龙带着已翻译大半的译稿回国,很快又将剩余的部分译完了。后来商务印书馆表示愿意出版,直接将这本填补领域空白的译著收入"汉译名著"系列。

书出版时,张祥龙写了一篇八千多字的长序,还附录了两篇自己关于吕斯布鲁克的论文,并在文后做了索引。"我这是受贺先生影响,就是说你翻译一本读者还不太熟悉的书,尤其是学术经典,就要尽量让读者读得懂。贺先生特别主张在书前面要加一个有说明力的序。贺先生介绍斯宾诺莎、黑格尔,同时写一些论文(他最先为斯宾诺莎《伦理学》写的序,因非学术原因无法发表),讨论他们的思想,这样读者读斯宾诺莎著作的时候就容易理解一些。"这也成为此后张祥龙的翻译风格。翻译要理解在先,你不理解作者的思想、背景,即便是翻译准确了也不会很传神。从他个人的经历来说,不光是要弄清楚概念和术语,而且更进一步,对于作者思想的精髓有一种理性的,甚至是情感上的感应,深入到它所处的情境中去。

翻译吕斯布鲁克,张祥龙期待能够对中国学界产生一定影响,起码让读者知道西方文明中还有这么一块。张祥龙在序言中也谈道,当年翻译这本书的目的之一就是跟中国哲学中的神秘体验的经验相互对比,相互引发,中国这方面资源其实很丰富,但是我们研究中国哲学史的时候往往忽略这一要害。道家中,像老子"道可道非常道",其实就是非常重要的终极性神秘体验。庄子更是如此,《逍遥游》一开篇,实际上是隐喻一个人的精神升华到一种自由的境界,把小我都忘了,和一种更高的力量合为一体。至于儒家,有时候一谈儒家的神秘体验,就说孟子的"万物皆备于我",这毫无疑问是他的神秘体验。但实际上孔子也有,"子在齐闻《韶》,三月不知肉味"。孔子对音乐的爱,也是一种神秘体验。到了宋明理学时期,周敦颐讲"孔颜之乐",启发了二程,不过这种神秘体验的维度较多地被心学派继承下来。"跟西方相互印证,我们的研究能多一个维度,可能会更有意思。"张祥龙说。

20世纪以来,中国译介西方著作出现过两个高潮,一是新文化运动前后,二是改革开放以后。当前,我们正处于第二个高潮的延续期。但时代不同,翻译也会随之发生变化,也即翻译和时代思潮紧密相关。张祥龙拿上世纪初著名的《天演论》为例。"实际上严复的翻译很不严格,几乎算不上真正的翻译,只是一种选译,再加进大量自己的看法,而且他的看法与作者赫胥黎的思想还有矛盾,他接受的更多的是斯宾塞的社会进化论,而赫胥黎恰恰是认为社会演化不能光靠争强斗智的力量。"这本书的原名叫"Evolution and Ethics"(演化与伦理学),赫胥黎认为,人类的进化有其独特性,伦理是进化中重要的因素。严复推崇物竞天择,把自然界生物进化论的理论想当然地套到人类身上,根本没有考虑伦理的和长程时间的因素。其时中国遭受列强侵略,积贫积弱,正在寻求应对的捷径,虽然严复的翻译非常主观、片面,但这一口号适应了当时的时代风潮,所以译本一出来,无论左派右派,全国上下一致叫好,觉得茅塞顿开。"很少有译著能产生这么大的历史影响。"在张祥龙看来,《天演论》是幸运的(尽管其后果中隐藏着不幸)。当然,也不光是《天演论》,后来很多的译著,对我们的思想界乃至整个国家、社会的发展都起到了非常大的推动作用。

第一波译介高潮走的全盘西化路线,第二波一开始也是全盘西化,但时代更迭,现在已经大为不同。改革开放以后,张祥龙在北大读书,当时的翻译和介绍完全以西方为范式。1992年,他从美国博士毕业进北大教书,开设的海德格尔课和现象学课特别受欢迎,但张祥龙的研究视角是中西比较,当他讲到中国哲学时,学生们有的很反感,甚至跟他争论。这几年,一些当年的学生对他说:真后悔当年没能好好听您的课。

而眼下,对译者,除了文字语言水平,对作者背景的了解、理解的深入,还有对译者学养上以及思想见地上,都有了更高的要求。这些年,张祥龙的朋友、同事中有些人开始以融通中西的思路在翻译、介绍和阐发,比如倪梁康将胡塞尔研究和王阳明心学结合起来,韩林合搞分析哲学,同时还研究庄子。"我能看到这个时代潮流变化,感到很欣慰,这也恰恰是我一直在做的事情。"张祥龙一直主张,不能以西方的学术范式为唯一标准,要以平等的心态对待东西方文明和思想。和西方相比,中国的科学技术现在也开始慢慢拉近距离了,但人文学科尤其是哲学,谁高谁低,没有一个硬性的标准,我们有自己的范式,怎么能用西方的范式来衡量全世界所有的学说?应该以一种平等互补的思路来引进,所以说不仅是翻译过来就行了,还要让中国人懂,能让中国人产生某种感应。"就像当年玄奘翻译的《心经》,真是译得好,既准确,语言又美。"张祥龙补充说。

前些年,退休后的张祥龙先后在山东大学和中山大学教学,这两年因为身体有恙,他谢绝了一些大学的邀请。他说自己"思路总是不老实",希望能闭门在家做自己感兴趣的事情。除了专业阅读,张祥龙平时还特别爱看俄罗斯和中国古代的文学作品。最近这十几年他一直订阅《环球科学》杂志,对人工智能、量子力学这些领域的话题都很感兴趣,并为此耗去不少精力。"但是我觉得值得,因为哲学对我来讲,不是一个体系的东西,而是要有内在的趣味,有新东西,而且是一种根本性的开启性的东西。"

(原载《中华读书报》2021年9月29日第7版)

张祥龙(1949—2022),北京大学哲学系教授,曾任北京大学现象学研究中心主任,教育部人文社科重点研究基地"外国哲学研究所"的学术委员,中国现代外国哲学学会理事,退休后先后担任山东大学哲社学院人文社科一级教授,中山大学哲学系(珠海)讲座教授。翻译的"汉译名著"作品为《精神的婚恋》。

18. 蓝琪：
《草原帝国》为我揭开中亚的神秘面纱

2021年9月17日晚7点，商务印书馆"走进神秘的中亚"专题直播准时开始。这是继荣新江首讲之后这个系列的第二期，主讲嘉宾是远道而来的贵州师范大学教授蓝琪。镜头前的蓝琪略显拘谨，讲座间隙，她时不时地往上挪开鼻梁上的眼镜，看一眼手上的提纲讲稿，再抬头继续发挥。在聚光灯的照射下，透过镜片的反光，观众最先感受到的是她眼里那闪烁的光芒，一颦一闪间隐现着智性的优雅。讲座临近尾声时，她一再地对着屏幕前的观众说"抱歉"，因为十多年远离课堂，对讲课早已生疏，她怕讲得不好，让听众失望。但实际上，在一开头短暂的局促之后，一谈到中亚研究，这位74岁的老人渐入佳境，侃侃而谈，神采飞扬。

1983年，在中学教了10年英语后，35岁的蓝琪考进贵州师大读研究生，师从中亚史专家项英杰。此前，项英杰先生受同学、武汉大学吴于廑先生之托，接手翻译《草原帝国》的任务。入学后，蓝琪受导师委派，和三个师兄弟一起翻译《草原帝国》，其中蓝琪承担了三分之一以上的内容。1985年，她到北京将译稿送到商务印书馆，但商务迟迟没有回音。这中间，导师又嘱咐她将译稿中的人名地名重新梳理了一遍，再送，依然无果。这期间，项英杰还曾到青海见过该书由法文转译的汉译者魏英邦，后者也将译稿送给了商务，但同样未有音讯。从青海回到贵阳，项英杰做了一个重大的决定：将之前的译文推翻重来。而这次，重新翻译的任务则落到了蓝琪一个人的身上。

蓝琪

1987年，蓝琪毕业留校工作，同时也开始了《草原帝国》的翻译工作。导师问她需要多长时间，她答：五年左右。但实际的情形是，到1992—1993年前后，这本书的翻译远未到结束的阶段。"我导师问我的时候，我确实没完成。我导师就说，听说北大有人在组织翻译这部书，如果再拖下去，你这部译稿出来就是废纸了。我就说反正我没浪费时间，我每天都在搞。我就对我导师讲了一句话，我说如果我这一部书成为废纸，那么我以后的书都不会成为废纸了。"

《草原帝国》是法国历史学家勒内·格鲁塞的中亚通史著作，总结了二战以前学界对欧亚大草原上约50个游牧民族的研究成果，其中，着重介绍了三个游牧民族的首领——阿提拉、成吉思汗和帖木儿，是了解游牧民族不可多得的一本历史经典。翻译过程中，她参阅了商务的"汉译世界学术名著丛书"中大量的有关著作，其中最多的是何高济译的《世界征服者史》，余大钧、周建奇译的《史集》，李活译的《亚历山大远征记》等书。这些书籍对游牧民族的描写丰富细腻，非常感人，"使我开始热爱这些驰骋在草原的游牧民族，特别崇敬那些游牧民族的首领"。

蓝琪读研究生时，项英杰先生年近七旬，虽然年纪不算很大，但视力却差到几乎看不见东西。翻译《草原帝国》之初，导师要求她每译完一章就读给他听。当她把第一章的译稿念给他听完之后，项英杰对她说以后不需要再念了。1995年年底，蓝琪将全书译稿交给商务，第二年她受国家教委派遣，作为访问学者到非洲访学。1997年，《草原帝国》在商务出版。最初得知这个喜讯时，她去医院告诉身患重病卧床的导师，84岁的老先生激动得像个孩子，号啕大哭。

"我的中亚史研究，是从翻译《草原帝国》开始的，虽然我在读书的时候学的就是中亚，但是那三年好像迷迷糊糊的，也没搞出什么来。因为翻译这本书，商务的这些'汉译名著'，只要是亚洲方面的我全部都看过。懂了之后就慢慢地爱上了中亚，就不再想去搞其他的了。"当年交稿时，蓝琪已经四十多岁。"年纪可能是一个因素，但更主要的是不管年纪多大，如果你做的这件事不吸引你的话，你是做不下去的。"这个吸引她的原因，就是随着对中亚史的深入了解和探寻，让她精神上产生了极大的满足感。因为这种愉悦和满足，随后她又接着翻译了《治国策》和《剑桥早期内亚史》。《治国策》反映了11—12世纪西亚、中亚、北非的经济、政治、司法、文化和意识诸多方面的情况。作者尼扎姆·莫尔克是大塞尔柱王朝的著名宰相,在任宰相的29年中,掌握着王朝的大权。受王朝统治者之托,他在去世前不久写下了此书。《剑桥早期内亚史》对中亚地理做了概括性论述,按时间顺序追溯了不同人群在内亚各个历史时期的成就,汇集了世界最著名的内亚史专家的集体研究,对历史记录极少的内亚早期的历史进行了极富开拓性的探索。

2000年和2013年,《草原帝国》和《治国策》先后被收入"汉译世界学术名著丛书"。

蓝琪真正开始中亚研究时,已经五十多岁。中亚地处东西方文明的联结地带,同时又是各文明接触的边缘地带。"中亚"和"内亚"历来是一个含义不断发展的历史概念,由于中亚本土缺乏系统的史学传统,长期以来,中亚史一直是历史研究中的难题。和西方一些学者研究具体某一时代或某一王朝不同,她选择了通史。"我进校的时候,我导师就有一个心愿,他就想写中亚通史,但到他去世的那一天这件事情都没提上日程,我也没想到有一天我会写,所以当时我也没问他中亚通史该怎么写。"中亚史与研究较为成熟的欧洲史、美国史不同,它的困难之一是几乎每一个问题都有好多种不同的说法,作为一部通史,不可能将每一种说法都罗列出来,因此,她必须阅读大量文献,了解各种说法,然后就自己认为符合逻辑、不背离当时环境条件的史实进行论述。在此过程中,商务出版的有关中亚,甚至是亚洲的每一本专著和译著她几乎都读了,有些不止一遍,还互相对照着读。

2021年年初,蓝琪主编的《中亚史》(全六卷)出版,涵盖了苏联解体以前,中亚存在过的所有王朝,让读者对中亚史有了整体的认识,具有很强的研究与参考价值。这本大部头著作,和同一时期出版的《剑桥早期内亚史》,一同入选2021年"商务印书馆2月份十大好书"。

"余太山先生跟荣新江老师他们是利用伊斯兰之前的史料。这些史料对了解中亚非常有用,他们自身有一些优势,懂几门外语,所以他们可以做这种大的工程,有这样大的成就。他们把中国人的传统文化传到西方去,在国外树立我们中国学者走到前列的这种形象。我跟他们的不同点在于,我是通过翻译《草原帝国》才对中亚感兴趣,我把世界上的所有这些我知道的资料介绍到中国。研究路径不一样,他们获得的是世界名声。我呢,让中国学者看到外国人的研究,而且是系统的研究。这样做,对中国学者来说是有贡献的,但对我个人来说我就没世界名声了,但我不在乎这些,自己觉得有意思就行了。"

这一"从西方入手"的研究路径,让蓝琪产生了好好了解、吸收外国人思维的想法。在多年的研究中,她也由此注意到中外学者之间的不同关注点:中国学者很注意人事、风俗习惯,但外国学者比如说希罗多德,则重视整个草原的地理气候。亚历山大东征的时候,有一大帮植物学家、动物学家、地质学家跟随,而比亚历山大晚些的张骞出使西域时带了哪些人,我们没有记载。蓝琪认为,这是东西方不同的文化和意识决定的,中国比较重视人与人之间的关系,西方比较注意人跟自然的关系。

这几年,由于国家"一带一路"倡议的实施,中亚史这个世界史范围中的小众领域也受到越来越多的关注。就蓝琪个人而言,除了几部译著(《草原帝国》《治国策》《剑桥早期内亚史》)和《中亚史》,商务今年还将出版她的另一部专著《中亚五国史》。和读者关注的热度形成对照的是,国内研究中亚的人很少。早年和蓝琪一起在项英杰门下求学的七个弟子,做中亚研究坚持到最后的只有两个半(只能算"半个"的那位同门后来转做世界文明史),蓝琪是其中之一。1985年,在苏州召开的中亚史学术会议,全国有近一百人参会,但如今,只有她和余太山、荣新江等为数不多的一些人了。

即便现状如此,蓝琪仍然感到满满的幸福感:"就算是我这些书都不出版,我整个人生都很愉快,一个人一生总要找个事情来做一下,你在做这件事情的时候很愉快,你就已经得到回报了。"在直播的最后,她指出,人们探索神秘的中亚比世界其他地区晚,中亚地区的研究也滞后于欧洲美洲。到目前为止,需要学者们探索的神秘之处很多,需要研究者澄清的事实也很多。例如,今天的中亚五国都自称是丝绸之路上的明珠,但丝绸之路是如何穿过中亚五国的,它在各国发挥的作用如何?中亚两条大河阿姆河和锡尔河在流经中亚各国时的应用和所导致的国家之间的矛盾冲突如何?中亚五个国家在地区和国际上的地位如何?上海合作组织各次会议的议题及解决问题的情况如何?这些都有待年轻的学者们去研究。

(原载《中华读书报》2021年10月20日第7版)

蓝琪,退休前任贵州师范大学历史与政治学院教授。1983

年师从项英杰先生研究中亚史,1986年获武汉大学硕士学位,随后在贵州师范大学任教。主要从事中亚史、突厥史、中外关系史研究。翻译的"汉译名著"作品有《草原帝国》和《治国策》。

19. 郑永流：
译事之难，犹如一仆之侍二主

"我想从以前未曾谈过的角度谈谈。等我想好后再与你商量。""我想谈的是读者常吐槽和评价的问题，诸如，'信、达、雅'，'翻译腔'，'符合中文习惯'。当然，还可谈你感兴趣的主题。"在和郑永流约定采访的具体时间和地点之前，关于所谈的话题，我们在微信上已有几轮交流。

作为一名译者，中国政法大学法学教授郑永流将自己比喻为希腊神话中的赫尔墨斯（Hermes）。身为奥林匹斯十二主神之一的赫尔墨斯，其主要的使命是充当众神的使者，向黎民百姓传达众神的旨意。"信使"这一身份功能后来延伸为学术领域中的"诠释者"，以及与之相关的哲学学派——诠释学（hermeneutics）。根据诠释学大家伽达默尔的理解，诠释者在解释别人的意思的过程中，实际上加进了很多自己的主观理解。"诠释者既受到前人解释的影响，同时也受到自身学识、教养及所处环境的影响，这些在诠释的时候会产生综合性的影响，所以伽达默尔说不存在外在的绝对客观的诠释。"诠释者这种对于某种思想或事物不断积淀、叠加的诠释，最终形成伽达默尔诠释学中一个

郑永流

重要的概念——"效果历史"。"我们作为译者、诠释者,有点像赫尔墨斯,因为我们的学识、修养,会对翻译的文本产生影响,就是说不存在绝对地呈现作者的原意,把它完完全全客观地表达出来。"

"翻译是一件很难为但又不得不为的事情。"采访过程中,郑永流一再谈到他对于翻译标准的困惑:如果"信、达、雅"不足以为"信"的话,那么到底该以什么样的标准来衡量一部译作水平的高低?他的问题,其实也是翻译界讨论的热点,但显然,关于这一问题,至今尚未形成某种共识或公论。这些年,不断有读者指出他的译作存在"晦涩""翻译腔""不符合中文的表达习惯"等问题,为此,他在几本译作的"译后记"里,也捎带谈了一些自己的意见,算是"自辩"。

自20世纪80年代中期开始,其后的近十年里,郑永流陆陆续续翻译了考夫曼、恩吉施、耶林、萨维尼的《当代法哲学和法律理论导论》《法律思维导论》《为权利而斗争》《历史法学派的基本思想》等德国法学著作，其中，《为权利而斗争》2018年被收入商务印书馆"汉译世界学术名著丛书"。因为不时听人说到难读，"不知所措"的他难免"彷徨于'信'与'达'之间"。他联想当年鲁迅、周作人译书的遭遇：周氏兄弟在译介外国著作时，输入与中国语言不同的新语法、新词汇，想以此改造中国传统思维方式，因为"语言是思维方式的家"。所以周氏兄弟的译文宁可"中不像中，西不像西"，而不似林纾、严复等翻译名家，"用汉文一般样式"来译。

"我译介的志向无周氏兄弟的高远，只求译文不像中国人在言说，更不能太像今人的流行话语，但若能同时补足中国传统思维方式一二，也属有心无意之间。过去译《为权利而斗争》，我无法让134年前的耶林说中国话，现在译此书，更做不到让194年前的萨维尼想中国人之所想。至于如何看待这般'不伦不类'或'不会说中国话'，还是留待品客评说。"在2008年出版的萨维尼《历史法学派的基本思想》的译后记里，郑永流这样自陈心曲。

《为权利而斗争》的中译本，在郑永流之前，从1900年最早刊载于中国留日学生《译书汇编》杂志的章宗祥译本，到1947年和1985年潘汉典译本，1979年萨孟武译本，1993年台湾蔡震荣、郑善印译本，1997年林文雄译本等，百余年来已有十几种之多。这些译本有些是节译自德文本，有些则是从日译本转译而来。郑译本为中文学界第一个德文全译本，且依据的是该书最初版。作为德国法社会学的开创者，耶林对整个现代法学的影响多面且深远。其"为权利而斗争"的主张,成为自19世纪末以来世界范围内最具感召力的法学学说;他的目的、利益、生活条件等理论亦为美国现实主义法学的思想来源之一。《为权利而斗争》原为耶林1872年在维也纳法律协会的同名告别口头演讲,后经耶林详细修改和较大扩充,同年于德国出版。问世以来,这本薄薄的小册子先后被译成英、法、意、俄、日、希腊、西班牙语等,迄今已有五十多个译本。

在郑永流看来,某种意义上,翻译就是诠释,而译者就是诠释者,在翻译的过程中难免会掺杂很多自己主观的理解。"为什么说翻译是一件很难的事情?译者就像一个仆人,这个仆人同时有两个主人,一头是作者,一头是读者。你要考虑读者的感受,又要尽量去符合作者的原意,真的很难做到。两个主人生活的年代不一样,耶林发表演讲和写作这本书,距离今天已经150年,处在中间的译者要做到让两头满意,非常困难。"郑永流说,抛开内容不说,生活在当代的译者也很难把握一百多年前德文的那种古风古韵,即使你把握住了这种古风古韵,那么在翻译中,又如何处理相对应的汉文风格?古文,半文半白,还是当下的白话文,哪一种语言风格更适合当代的读者?前二者不符合今天的阅读习惯,而取后者,自然会被指责不符合作者原意。而这,几乎是所有译者普遍面临的困惑,也是两难之境。

对于"翻译腔太浓,不符合中文表达习惯"的问题,郑永流也反复考虑过。"什么是中文的表达习惯?我的理解是符合中文的语法结构。而德文和中文的语法完全不同,如果译者不按照中文习惯,那译出来的文本会让读者不知所云,根本无法理解。"语法之外,还有不同语言中的谚语俗语文化问题。以德文的"Aller guten Dinge sind drei"(好事成三)为例,如果译者考虑中文的表达习惯,译成"好事成双",则背离了作者的原意,也失去了德文原有的含义,因为"三"在德语文化中代表圆满幸福之意。在类似这样的问题上,郑永流坚持按照德文的表达习惯,因为只有这样,才能把德文背后这样一种文化甚至宗教的东西传递出来。"尽管和我们的表达习惯不一样,但是我们是通过翻译去了解别人。世界上那么多国家和民族,他们的文化、宗教传统不一样,他们对同样一个事物有不同的认识,有不同的表达习惯,我们的翻译就是起到了这样一种作用,了解别人的文化,扩大自己的视野,而不是把所有的东西都中国化了。"

回想十几年前,郑永流在一次朋友聚餐中认识了时任商务学术出版中心主任的陈小文,当谈起中文学界尚无《为权利而斗争》的德文全译本时,陈小文当即邀约他翻译该书。然而就在进入签订合同等环节、翻译亦已开始着手时,郑永流接到陈小文的电话,对方说潘汉典先生因之前几次节译过这本书,提出要全译此书在商务出版。这无疑让出版方感到很为难。潘汉典先生是著名的法学家,也是商务"汉译名著"丛书的老译者(译有《君主论》),作为后学,郑永流立即表示自己愿意拱手退出此书的翻译工作。

一年后,在陈小文和同事米健的劝说下,他重新拾起这本书的翻译工作,该书于2007年作为米健主编的"当代德国法学名著"丛书之一,由法律出版社出版。2015年,陈小文再度联系他,提议将《为权利而斗争》收入"汉译名著"系列。法律社最终忍痛割爱，成人之美，让出了该书的版权。"你看，由商务发起邀约，中间有这样一段经历，最后又回归到了商务。"说起早年的这些故事，这本小书兜兜转转的命运不由让人感叹。

好奇于潘汉典全译本的后续，郑永流告诉我，潘译本2018年以《为法律而斗争》为名在商务出版。

翻译过程中，九十多岁高龄的潘先生查找资料不便，郑永流还向这位学界前辈提供了一些帮助。

对之前十多个中译本，郑永流称自己没有做过系统考察，无从评价。"但一般而言，无论从语言还是学识，应该是一代胜过一代。大多数情况下，今天的译者要比过去的译者水平高，毕竟，今天很多学者有很多出国学习、交流的机会，而过去，走出国门的机会相对比较少。"

而读者对他的批评，其实不是针对哪个具体问题，比如某一段或某一句译得不好，很多读者甚至没有读过多少他译作的原文。"他们有的是和萨孟武的译本进行比较，认为萨孟武的更加雅一些。我也反复看了萨孟武的译文，他翻译得的确比较雅，但有很多自己创作的成分，不是十分忠实于原文，萨孟武也说过自己翻译是'取其意旨'。而我更多的还是忠实于德文原文。"

古代，中国人在翻译佛经的过程中，就总结出了"信、达、雅"的标准，后来严复在《天演论》后记中对其进一步总结发挥，将之提炼为翻译的最高准则。对此，郑永流并不认同。"对'信、达、雅'我们有很多误解，尤其是读者，普遍认为这是翻译的三个不同的层次，严复本人也有点这个意思，认为'信、达、雅'是三个不同的境界。""其实，翻译只有一个标准，就是'信'，这个

'信'里就包含了'达'和'雅'。如果作者的语言比较通达,你遵循'信'的原则,把它翻译得比较通达;如果作者本来就是结结巴巴的,你为什么要把它译得通达,甚至还译得很雅？这岂不是篡改了作者的原意,反而不'信'了?!"他把这归结为：因为"信"了,原作"达、雅",译作就"达、雅",原作不及,译作就不能及。"信"字当头,"达、雅"与否,应在其中。

说这些的时候,郑永流原本平缓的语气会变得稍稍有些激越,但无论译事如何艰辛,"一仆侍二主"如何之不易,这位虔诚的"仆人"仍会坚持"译事'信'为大"的原则,继续在法学译著里深耕细作,为"主人"(读者)奉上知识的盛宴。

(原载《中华读书报》2021年11月24日第7版)

郑永流,法学博士,中国政法大学特聘博士生导师。翻译的"汉译名著"作品为《为权利而斗争》。

20. 汲喆：
翻译是"真诚的背叛"

自1999年赴法留学，2007年在法国社会科学高等研究院获得博士学位，2010年在法国国立东方语言文明学院任教至今，汲喆离开中国已经21年了。虽然人在国外，但他和国内的师友仍保持着密切联系。不过，由于他的多数著作是以西文发表，所以国内的学界同行，尤其是社会学专业的学生们往往是通过他的译著了解他的。2016年12月，他曾担任北大人文社会科学研究院访问教授，根据该院网页上的介绍：他的主要研究领域包括汉传佛教与社会变迁、宗教教育、宗教全球化以及宗教社会学理论。过去20年间，他通过田野调查和文献分析相结合的方式，考察了中国佛教重建的动力、过程与后果，并主持了多个有关当代汉传佛教的国际研究项目。2014年，他以对当代中国佛教及政教关系的研究被选为法国大学院（IUF）青年院士（membre junior）。近著有《宗教、现代性与时间性：当代禅宗的社会学》（法文，CNRS，2016），主编或合编有《现代中国的宗教、教育与政治》（英法文，PUV，2011）、《得道与成圣：现代中国宗教权威的建构》（英文，Oxford，2016）、《二十世纪中国佛教的两次复兴》（中文，复旦大学出版社，2016年）。译著包括法国社会学年鉴学派的重要作品,如涂尔干的《宗教生活的基本形式》(合译)、莫斯的《礼物》、涂尔干与莫斯合著的《原始分类》等。

《宗教生活的基本形式》《礼物》和《原始分类》以及上述信息中未曾提及的涂尔干的一篇长文《乱伦禁忌及其起源》,早在20世纪90年代就已收入上海人民出版社"世纪人文系列丛书"出版,其中前三本在版权到期后改由商务印书馆出版,随后被收入商务"汉译世界学术名著丛书"。而这也是此次我采访他的因由所在。因为疫情的缘故,汲喆已有近两年没有回国,采访那天是北京时间的下午,巴黎时间则是在早上,他安排好手头的事情,我们开始通过线上视频会议的方式进行访谈。

汲喆

最早接触学术翻译时,汲喆还是复旦大学社会学系的一名本科生。一个偶然的机会,有位非常器重他的老师给他一篇英文文章让他翻译。尽管"非常上心",投入了很多时间和精力,反复斟酌每个词、每个句子,但他对最终的结果还是很不满意,这篇译文最终也并未发表。彼时,如今的北京大学教授、同系师兄渠敬东已转至复旦哲学系读研究生,再后来,渠敬东考入中国社科院读博士,本科毕业也来到北京的汲喆和他又再度相逢,并且由此开启了他的学术翻译生涯。

"那时候渠老师开始约我翻一些社会学理论方面的作品。我是从校对他的译稿开始的,通过这个过程,我学到了很多东西。渠老师的译文非常精彩,对照原文,可以体会到他如何恰到好处地将原文以'信、达、雅'的方式展现出来。翻译的能力其实并不是简单的外语水平的问题,它涉及一些思路和技巧,特别是处理中文的技巧,比如对句子的拆分与重新整合、对词语的选择,要做到既能充分表达原作者的语意,又能够兼顾中文跟外文之间的不同之处。"

后来,他们合作翻译了涂尔干的《宗教生活的基本形式》。翻译过程中,两人互相校对对方的译文,有过很多讨论,于汲喆而言,这同时也是"非常愉快的学习过程"。他说自己于翻译不是"生而知之者",而是"学而知之者"。做好翻译当然要掌握基本的外语能力,然后去下苦功,但是光凭这些还不够,还要有一个向其他译者学习的过程。他建议年轻的译者,动手翻译之前,先在相关的学术领域找一个公认的优秀译本,然后中西文对照悉心解读,这对学会用两种语言表达同样的所指有极大的帮助。一旦领会到了两种语言的各自特点和贯通之妙,接下来的重点就是精准地把握内容,而这就是态度和时间的问题了。此时,但有疑问便不能放过,须尽全力推究到底。1990年代时还没有电子词典,全部要靠手查,由于勤于查索,他在两年间翻烂了两本大部头的词典。做翻译工作时,案头必然是堆满各类专名词典、同义词词典和其他中西文工具书,以便随时查询、推敲、确认。回忆早年的翻译生涯,汲喆用八个字来概括翻译的艰辛——每积寸文,必流寸血。他说:"好的翻译必然要付出心血,而付出心血也不见得有好的翻译,它绝对不比书写简单。"

在汲喆看来,优秀的译者必须具备三个基本条件:第一,专业知识扎实,不能仅仅停留于在字面意义上读懂原文,而是要能理解文本(尤其是经典著作)背后的整个学术传统。第二,汉语水平高,消化原文之后再用顺畅的中文表述出来,这非常重要。事实上,我们有时候看到一些译本的质量较差,其原因并不见得是译者没有看懂原文,而是译者的中文能力不高。第三,外语好。这是一个基本的要求,但并不是最重要的要求。学术翻译的关键,是译者要兼具专业和外语的优势,现在很多地方找外语系的学生来翻译他们并不熟悉的专业作品,这是相当冒险的。"补充一点——这一点非常重要:翻译一定要有人校对,找一位至少与自己能力相当的人,让另一双眼睛来检视文本。自己再认真,也有看不到的地方,因为每个人有自己的阅读习惯,很多问题往往就滑过去了。"他感到幸运的是,在最初开始从事翻译时,就能与渠敬东有亲密无间的合作,而后《礼物》一书的校者陈瑞桦,也同样是义兼师兄的良友。汲喆指出,如果校对是认真有效的,那么译作就不单是译者与作者对话的成果,同时也是译者与校者(或合译者)对话的成果;翻译也不单是跨时空、跨语言的交流,而是一次真实、直接的社会协作。当然,无论校对还是合译,因为涉及修改和重写,有时难免会产生一些分歧,这时候就要基于相互信任做出灵活调整。他说:"在法语中有一种说法,'翻译即背叛'(Traduire, c'est trahir)。这是说翻译难以完全体现作者的原意。然而,如果我们把翻译看作是一种社会活动的话,那么它恰恰要求的是真诚——对自己真诚,对原作者真诚,对合作者真诚。这样,即便最终对原文有所背叛,那也是真诚的背叛。"

这些年,他也审读过一些年轻译者的译稿,发现其中最大的问题在于,译者往往未能以和原文同样品质的中文充分地展示出作者的意图。具体到翻译的技术层面,"首先是选词的问题,译者要有足够的专业知识才能知道哪些词是不能滑过去的,他要用一种特殊的方式把它呈现出来,哪怕有时候可能会稍微拗口一点,但这个词必须要这样说出来,我们才能知道它能索引到的观念和问题。第二,句子一定要符合现代汉语的语法要求,虽然通常译者都受过很好的高等教育,也具备基本的汉语能力,但事实上等到文本呈现出来的时候,你会发现有各种各样的问题。西文的构成方式跟中文很不一样,会造成一些语法上的困境,也使中文的问题变得格外突出。这时就得反复阅读、校改,直到顺畅为止。第三,要理解文章的内在气质,因为每个作者不一样,每个时代的文风也不一样,这就需要译者对作品和作者有全面的把握,才能把特定的语言风格展现出来"。

和当下出版繁荣多元的景象不同,上世纪90年代,在社会学领域学界能读到的译本相当有限,他跟随渠敬东等人翻译涂尔干和莫斯作品,初衷就是为中国的社会学学者和学生提供一些基本文献。如今,早年的这些翻译作品也为他和国内同行及学子们创造了交流的契机。

在法国这些年,汲喆自感"如鱼得水"。2010年,他进入法国国立东方语言文明学院(Institut national des langues et civilisations orientales)任教。这所拥有三百多年悠久历史的高校,是享有极高国际声誉的专门研究西欧以外语言与文明的高等教育与科研机构,教授近百种语言,研究范围涉及历史学、人类学、民俗学、社会学、考古学、文献学、经济学、艺术、传媒等诸多人文与社会学科。汲喆所在的中国研究系是该学院最大的四个教学单位之一(其他三大系为日语系、阿拉伯语系和俄语系),他本人主要教授有关中国宗教和中国社会方面的课程。"法国学生对于中国的文化和宗教都很感兴趣。法国有非常悠久的汉学传统,中国最近几十年的变迁也吸引了很多法国年轻人。(上世纪)80年代的时候,可以说在法国有'日本热',90年代中期之后,法国人对中国的兴趣逐渐增加,选学中文的学生人数迅速增长。2010年前后,最多的时候我们学校的中文系有一千多名学生,这个规模在全世界可以说是独一无二的。"

目前,汲喆的研究主题除了中国宗教和社会学理论(特别是涂尔干学派、莫斯学派)外,最近十年间他还着力研究法国早期经典汉学家如沙畹、葛兰言等人的作品。他陆续翻译了一些沙畹的作品,只是尚未出版。不过,他最近在商务印书馆创立了"法国汉学经典"译丛,一批具有法国教育背景的青年译者加盟其中,沙畹和葛兰言等人的重要作品的中译本不久便会相继面世。

除了法国国立东方语言文明学院的教职,汲喆同时还兼任法国多学科佛教研究中心(CEIB)的主任。除校内的教学科研工作以外,他还花大量精力服务于学术共同体的会议、评审、编辑等活动,少有闲暇。这次约采访,因为他要去里昂开会,我们延后了一个多礼拜,而在采访结束的第二天,他又应邀去法国国立装饰艺术学院做一个关于中国佛教的讲座。所有这些,"都要花去很多精力。但这些事往往都关乎师友之情,不能不做。为人为己,存乎一心吧"。

（原载《中华读书报》2022年1月5日第7版）

汲喆,法国国立东方语言文明学院（INALCO）社会学教授、中国研究系主任,法国多学科佛教研究中心（CEIB）主任。主持商务印书馆"法国汉学经典译丛"与"涂尔干学派书系"（与赵丙祥共同主持）。翻译的"汉译名著"作品有《宗教生活的基本形式》（与渠敬东合译）、《礼物》和《原始分类》。

21. 张维佳　田飞洋：
今天,我们应在全球大视野下研究东亚语言

　　截至2021年年底,"汉译世界学术名著丛书"已出版约850种。长期以来,在这个浩渺无垠的思想王国里,哲学、历史学、经济学、法学、政治学、社会学等占据大端,语言学占比非常小,算上最新推出的第19辑中的《世界语音》和《文字起源》,语言学著作到目前为止仅有16本。采访张维佳那天,他最先到达会合地点,等到我和他的弟子、《世界语音》的合作译者田飞洋赶到,在去往附近咖啡馆的路上,他开始向我历数"汉译名著"收入的语言学名著:从最早的洪堡特的《论人类语言结构的差异及其对人类精神发展的影响》,到布龙菲尔德的《语言论》、索绪尔的《普通语言学教程》、赫尔德的《论语言的起源》、高本汉的《汉语的本质和历史》、乔姆斯基的《语言的科学》……一直到赖福吉的《世界语音》。唯其数量少,在张维佳看来,这"非常有意义"。

　　张维佳的专业方向主要是汉语历史语言学、语言地理学、社会语言学和语言规划学。他首先从一位朋友的经历来谈语音的重要性。这位朋友因为想给孩子报兴趣班,但又不知做何选择,于是向北师大一位心理学教授咨询。这位心理学教授告知,可

张维佳

以根据人一生最需要的技能来做选择。人最需要的是什么？当然是语言，也即说话。而语音又是语言中最重要的，所以学语言必须从语音着手，一是语音的矫正，一是语音的发声。"中国语言学其实包括了语音、词汇和语法，但从中国语言学的发展来看，语音学在当代受到的重视还不够。中国语言每个学科都出现了很顶尖的学者，但由于分得太细，越到当代存在的隔阂就越大。而在西方，语音学是语言学专业的入门课程。这跟我们国内不一样。"

2004年，因丁邦新、张敏、朱晓农几位教授的邀请，张维佳有机会到香港科技大学短期访学。那段时间，他经常晚上和朱晓农一块儿喝酒聊天，讨论学术，有时候朱晓农还会请他去自己的工作室参观研究语音的设备。朱晓农是世界著名语音学家、澳大利亚国立大学费国华（Philip J. Rose）教授的学生，属当代中国研究语音学的领军人物，除了代表作《上海声调实验录》，后来他还写出了《语音学》《音法演化》及一系列相关著作。

"当时我们在一起的时候,他还没有写出后来的那么多书,但是他的很多思想对我启发很大。"

朱晓农发现,亚洲语言,特别是东亚语言,和欧洲语言不一样。西方语言发声主要是在调音上,即口腔内器官调音,而非洲语言、东亚语言的发声有很多体现在发声态上(如内爆音、弛声、假声等)。在发音的时候,用气流内入的喉头机制来形成的塞音,就是一种内爆音。内爆音在信德语、越南语、泰国语和非洲一些语言中却很丰富,也出现在中国南方的一些方言中。这个音和发声态有关,而且其气流机制也和其他音不一样。再比如羿音(类似于喂鸡的声音),在汉语它没有语言学意义,但这种声音在南非的一些土著语言中普遍存在。类似这些问题,赖福吉都进行了研究。

访学结束时,朱晓农向张维佳郑重推荐了赖福吉的两本著作《语音学教程》和《世界语音》,并希望他能将它们翻译出来。经过几年努力,《语音学教程》第五版和第七版的中文版分别于2010年、2018年在北大出版社出版,《世界语音》2015年在商务印书馆出版,2021年9月被收入"汉译世界学术名著丛书"。

《语音学教程》自出版后不断修订,是目前国际使用最广泛的语音学教材。对于读者而言,它和《世界语音》属于同一著者的配套学术读本,前者偏重于理论,后者偏重于语音的类型分析。而《世界语音》的语料来源于全世界范围的各大洲,语音数据来自近四百种语言,其中大部分是作者第一手调查所得。赖福吉和麦迪森通过对不同语言语音之间比较分析,得到了世界语言具有普遍意义的语音类型。另外,他们在书中还介绍了已知的辨别世界语音的实验和测量方法,为语音学和音系学提供了实证基础。

这两本书的著者均是国际著名的语音学家。赖福吉是美国加利福尼亚大学洛杉矶分校教授,曾任美国语言学会会长、国际语音学会会长。麦迪森(《世界语音》合作者)、约翰逊(《语音学教程》第七版合作者)是赖福吉的同事、学生,在世界语音类型研究方面做出了很多贡献。尤其是赖福吉,他最感兴趣的是到处去听音记音,这其实是在伦敦大学创建了英国第一个语音学系的著名语音学家琼斯等奠定的语音学传统(中国的语音学从刘半农、赵元任以来延续的也是这个优良传统)。他的田野足迹遍及全球,很多录音材料至今还是有关语言唯一的音像资料。他大约辨认过900种不同的辅音和200种元音。所有这些研究,支撑起了他这本《世界语音》的大书,也是其毕生发现的总结。

"赖福吉的语音学研究,第一个特点是基于田野调查,他走遍了世界各大洲,所以他对各种语音非常清楚;第二个特点是采用实验语音学、空气动力学和测量统计学等科学方法,分析归纳世界语音类型。任何一种声音,他用语音实验把它呈现出来,进行测量比较,然后在这个基础上提出自己的理论。"张维佳对赖福吉的研究很感兴趣,原因除了和自己的研究相关外,也有感于中国语言学的现状——学科之间分裂:学科分得太细,做语法的不做语音,做词汇的不做语法。

上世纪90年代张维佳读博士期间,导师潘悟云先生就经常教导学生,当代历史语音史研究应该重视语音类型学,根据不同语言语音系统之间的共性和差别来归纳分析语音类型及其演化。在潘悟云看来,汉语历史音韵学经历了三个发展阶段:第一个阶段是研究音类,通过古代诗歌押韵、汉字谐声系统、古代韵书来归纳古代的语音系统及其类别,这方面以清代的段玉裁、戴震等人为代表。第二个阶段以瑞典语言家高本汉为代表。高本汉将历史语言学和国际音标引入中国语言学界,用33种方言语音构拟上古音和中古音,撰写了《中国音韵学研究》。虽然古代音类已有很多韵书记载,清代还曾进行过归纳,但是其准确的音值是什么却不知道。高本汉通过对汉语数十种方言进行比较,用国际音标记录下来,重建汉语语音史。后来,中国也有很多学者如赵元任、李方桂、罗常培等,也都按照这个思路来展开研究。第三个阶段,也就是我们这个时代,应该把音变研究作为汉语历史音韵学和语音史的主要目标,而要做好这方面研究,我们必须要有广泛的比较的视野。过去的研究,我们常常限于汉语及其方言自身的比较。实际上,如果拓展视野,放眼世界语音,汉语语音的特点及其与世界语音的共性才能真正显现出来。也就是说,汉语历史音韵学应该基于世界语音的比较框架,来归纳分析它的语音类型及类型演变。这就是潘悟云所倡导的"当代历史音韵学"的目标和视角。

而从世界语音这个角度研究不同国家语言的语音,做得最好的无疑是赖福吉。"我在上海读书的时候,潘悟云老师给我拿了赖福吉的《语音学教程》(第三版)复印本,他说这本书很有意义,反复推荐我们读,给我印象很深。但当时我外语还不好,加上复印本没有资料和光盘,也不怎么看得懂。"2004年,张维佳接受朱晓农的建议,带领几位研究生一起讨论翻译了该书的第五版。几年后,他再次接受北大出版社的约请,和田飞洋合作翻译了该书的第七版。

这之前,《语音学教程》(第五版)翻译了四年,查阅词典,反复讨论,历尽艰辛。后来当看到《世界语音》比《语音学教程》还厚,张维佳不免心里发怵。正好田飞洋来张维佳门下读博士,作为课程作业开始翻译。她下手快,加上勤勉,利用在荷兰蒂尔堡大学访问交流的业余时间,不到一年她就把初稿译出来了。此后,师徒二人对初译稿进行反复讨论和文字打磨,终于获得出版,引起学界良好反响。现在这两本书已被很多高校用作研究生教材。

翻译《世界语音》的过程中,涉及的术语太多,初译时面临的最大困难和困惑,是术语和人名、地名的译名不知如何确定。经讨论,译者选用了R. L. 特拉斯克的《语音学和音系学词典》,基本上解决了这一难题。但还有个别难于定夺的术语(如内爆音、挤音、喷音、嘎裂声等),他们反复与朱晓农、江荻等语音学家讨论后确定下来。为了不弄错,人名和地名一般采取英文的写法。此外,书后面还附有一个词表,涉及全世界几百种语言,光是词表就校对了五六遍,工作非常繁复。"其实,这对我也是一个学习的过程,我给大一大二的学生上过语音课,纠正学生发音,但是这门课一直缺少理论支持,而这本书很有帮助。"如今在北航任教的田飞洋,在教学相长的过程中,有了切身体会。

在张维佳看来,第三代语音史学者和前两代不一样。第三代学者应该将世界语音作为研究的参照坐标,从人类语音的共性和差别,即语音类型和类型演化,来看不同语言语音、汉语语音及方音的发展演变。这是近几年才开启的语音研究的一个新方向。这几年,王士元教授提出了演化语音学,朱晓农提出了音法学,目的是研究语音类型和类型演化,探索人类语音演化的普遍性规律。目前,这方面的研究,已经产出了很多成果,如朱晓农及其指导的一批青年学者,张维佳也指导了几位博士生投入到了语音类型及其音变研究中。"我们第三代要承担的任务,是在一个大视野下来看东亚语言语音的历史演化和它的未来发展方向。《世界语音》采用实验语音学、空气动力学和测量统计学的方法,归纳出了世界语音的基本类型。书中有大量的资料,有科学的方法和理念,这为我们进行汉语方言、东亚语言研究提供了一个很好的基础。"

最后值得一提的是,赖福吉对于濒危语言的认识。世界上语言虽然众多(据说有七千多种),但最有活力的不过几十种,绝大部分语言都处在消亡过程中。语言的这种迅速变化,取决于社会交际的变化。当前,随着互联网和大数据推动的全球化时代的快速发展,语言的变化和消亡已成大势,任何人都无法阻挡。多年前,张维佳曾主持国家语委的项目"中国城镇化过程中的语言文字问题及对策研究"。这个课题涉及在全球化和现代化的背景下,如何看待中国境内语言的接触、变异、融合问题,如何处理国家通用语言和地方语言之间的关系问题。这是一个理论问题,又是一个实践问题。但对于这个问题,学者和管理者各有说法:学者们希望语言多元、文化多元,希望方言继续保持,代际之间能够传递下去。但管理者则认为,在互联网、大数据、人工智能等技术推动的全球化背景下,不管是社会治理还是经济发展,大力普及和规范使用国家通用语言文字势在必行。对于全球范围内的诸多语言濒危和消亡现象,赖福吉从现实出发呼吁,当代语言学家的首要任务就是记录濒危语言,但不必去努力拯救。人为地保护小语种或者方言,会削弱国家的统一,助长地方主义,并消耗本可以用于发展的珍贵资源。赖氏的这种认识和相关讨论,是其世界语音研究的初衷,同时,对中国乃至东亚语言语音研究也具有重要的参考价值。

(原载《中华读书报》2022年3月9日第7版)

张维佳,北京师范大学文学院教授,博士生导师,语言学及应用语言学学科带头人。研究兴趣:汉语方言学与语音史、语言地理学、社会语言学等。出版专著、译著8部,发表论文80余篇。曾获王力语言学奖、教育部高校科学研究优秀成果奖。翻译的"汉译名著"作品为《世界语音》(与田飞洋合译)。

田飞洋,北京语言大学博士,北京航空航天大学英语教师。研究方向为语音学、社会语言学。翻译的"汉译名著"作品为《世界语音》(与张维佳合译)。

22. 左大培：
这本译著是我近20年学习和研究的"副产品"

百度上，左大培的身份介绍除了当代著名经济学家、中国社会科学院经济研究所研究员之外，另外一个重要的身份标签是"中国当代新左派思潮和非主流经济学代表人物之一"。在著作一栏里，学术著作外，唯一一本译著即是2010年收入商务印书馆"汉译世界学术名著丛书"的德国经济学名著《国民经济学基础》。"翻译这本书是我近20年学习和研究的副产品。你功夫下到了，翻译就水到渠成了。"说这句话时，左大培还特意强调，这本译著并不是他的"核心成果"，因为他发表过大量的经济学专业论文，出版了许多部经济学专著，独立完成的经济学著作就有七部。

1977年，25岁的左大培考入辽宁大学经济系，成为"文革"后恢复高考后的第一届大学生。此前，他在部队当过五年兵，五年时间里，他自学了初高中的全部课程，其中包括几何等基础的数学课。这期间，他还靠自学读完了当时刚刚由中央编译局翻译出版的《资本论》第一、二卷。本科阶段，左大培选择了自学德文作为第二外语，这于他，在一定程度上也是为了能够独立钻

左大培

研《资本论》的德文原著。从辽大一毕业,左大培便选择继续深造,考入中国社会科学院研究生院,师从经济所著名经济学家朱绍文先生,连续攻读硕博。

在读研究生的六年间,他继续自学德语,并将自己的研究锁定在德国弗赖堡学派上。而瓦尔特·欧肯即是这一学派的领袖,也是第二次世界大战后"新自由主义经济学"中的重要人物。读本科时,左大培就读过凯恩斯和亚当·斯密等众多经济学大家的经典著作的中译本。读研究生时,朱绍文先生学风严格,要求弟子们直接阅读这些经济学大家的代表作的英文原著。读硕士时,左大培就仔细阅读过欧肯的代表作《国民经济学基础》的德文原著。那时候西方思想文化的引进还处于起步阶段,西方经济学名著的中译本不多,欧肯的这本著作还没有中文译本。"朱先生说,你既然读过了,就把它译过来吧。"至于具体哪年开始译的,几十年后的今天,左大培已经记不清了。

朱绍文是商务的老作者，和商务的编辑们关系很好。左大培印象很深的是，当时为联系出版《国民经济学基础》的中文译稿，他经过导师的介绍，专门去找过商务经济编辑室编辑吴衡康。"我上商务去跟吴衡康先生商定了出这本书。我就记得吴先生给我写了一个短信，说请你保证翻译质量，我们不限定交稿时间，不要为赶进度影响翻译质量。"因为"不赶进度"，这本书的翻译就这么一直拖延了下来。1988年，左大培获得博士学位，留所工作。因为手头老有别的工作，加上90年代两次到德国去进行博士后访问研究，一直到1995年，他才腾出时间，集中精力把《国民经济学基础》翻译了出来。

虽然翻译的时间不长，且过程很顺畅，但对于左大培而言，这其实是他将近20年学习和研究的积累所致。第一，语言方面，和当时很多经济学名著从英文转译不同，左大培的《国民经济学基础》是从德文直译。第二，《国民经济学基础》属于基本经济理论著作，同时也是一本讨论经济学方法论的著作，如果没有西方经济学的专业知识，很难翻译准确。尽管他在翻译时尽可能地使译文通畅易懂，但仍然会偶尔在网上看到有读者抱怨说，不明白这本书说的是什么。其原因并不在于这本书的语言本身难懂，而是因为读者缺乏相关的学术背景知识。

1988年，博士还未毕业的左大培出版了他学术生涯中的第一本学术专著《弗赖堡经济学派研究》。在这本书里，他集中地转述了研究弗赖堡学派的很多相关资料，比如梳理了弗赖堡学派的哲学思想及其渊源。他的博士论文写的是《德国弗赖堡学派的经济思想》。"所以说《国民经济学基础》这本书的翻译，对我来说不需要什么准备工作。我想强调一点，就是要想译好这样的书，译者要有很深的功底，不仅是语言文字功底，还要有专业背景知识。两者结合才行。"

完成《国民经济学基础》的翻译，于左大培而言，是"了了一桩心愿"。这之后他不再花费精力从事翻译工作，甚至有知名出版社请他审校译稿，他都谢绝了。"我有自己的研究计划。我到现在已经出了七八本专著了。我自认为在经济学上能干点大事，西方主流经济学都是讲供求均衡，这套东西根本就不合乎实际。那么拿什么东西替代它？我就得搞一个替代的模型。"左大培正在努力完成并即将出版的一本新著是《供给过剩经济学》。"这本书不是一般的理论著作，是纯粹拿数学模型一点点往外推复杂的结论，但这中间还是有很多小毛病。我一天到晚都在干这个事。"

即使退休多年，70岁的左大培依然对经济领域的现状保持关注，整天埋头经济学研究。在他看来，人文学者做学术研究无所谓退休不退休。虽然在北京生活了40年，但"什么玩意儿""人讲话儿……"这些口语，让初次见他的人一下子就能听出他的东北特色口音。有时，叙述一件事情或表达某一观点，他的语速会加快，双手在胸前挥动比画，谈到激烈处，眉眼挤到一处，神态颇似电影圈的导演冯小刚。

"我敢这么说，国内有关弗赖堡学派的讨论，比较严谨的论述基本都出自我写弗赖堡学派的博士论文和读研究生期间发表的有关弗赖堡学派的研究成果。"当年，他受洪堡基金会资助去德国做博士后访问研究，帮他申请的人里还有联邦德国政府经济顾问委员会（德国五贤人）的成员。这种认可和看重的背后，是左大培对德国弗赖堡学派、欧肯及其《国民经济学基础》的深入研究。左大培即将回国时，欧肯的女儿曾邀请他到家中去商谈欧肯著作翻译成中文的问题。在欧肯的家中，欧肯的外孙向左大培请教从何处查找有关欧肯某一次与米塞斯辩论的记载。"我当时感到十分自豪，因为我对弗赖堡学派的研究已经达到了欧肯的家人也要向我请教的程度。"

19世纪，德国经济学界占统治地位的是德国历史学派，其创始人W. 罗雪尔将以萨维尼为代表的法学研究中的历史方法应用到经济学方面，奠定了这一学派的基础。1940年出版的《国民经济学基础》里，自然会大量提到该学派的代表人物。通常的说法是，欧肯在经济学的研究上主张理论和历史结合、兼用。"这种兼用不是简单的折中，它有一套非常独特的，但又被西方人普遍接受的结合框架。"

德国历史学派与当时流行于英法和奥地利的西方主流经济学是对立的。当时西方主流的经济学家（特别是英国的经济学家）建立了研究普遍适用的经济理论的传统。他们的理论讲一般、抽象的东西，如商品的价格由什么决定，工资由什么决定，资本的利润由什么决定。所以，19世纪西方主流经济学的讨论重点放在价值理论和分配理论上，主张边际效用价值论等等。除了马克思以外，一般的西方主流经济学家都认为这一套理论放之四海而皆准。而德国历史学派则不以为然，认为经济学中重要的是历史事实，而历史是不断发展、不断变化的，这是其一。其二，经济活动不是孤立的，是和政治、法律、观念等紧密相连的。

"其实,历史学派不是没有理论,只是其理论和主流经济学不同而已。历史学派的理论,是关于历史发展阶段、经济活动的类型的理论。我们现在使用的很多概念和术语是从历史学派搬来的。比如:人类社会从自给自足的经济发展成自然经济(实物交换),然后发展到货币经济和信用经济。这是历史学派对历史发展阶段的一个概括。实际上,历史学派的这些东西并没有过时。我们现在从使用纸币变为使用信用卡、手机支付,表明我们正处在信用经济的发展阶段。历史学派强调经济的发展阶段、经济风格,不同国家的观念和文化不同,就会出现不同的经济风格。历史学派很厉害,它说经济发展的分工范围是从家庭经济开始,然后发展到城镇经济,再到地区经济、国民经济,到世界经济。这讲的不就是现在的全球化是怎么来的吗?!"

西方传统的主流经济学研究价值理论和分配理论,认为它们说明了有普遍性的规律。但西方主流经济学的问题在于,它的研究是抽象的,忽略了具体的历史环境。那么这种抽象研究的成果有没有一般性?为此,新历史学派领袖施穆勒和奥地利学派的门格尔曾进行过一场著名的论战(被称为"方法论论争")。这场论战最终演变为哲学认识论上的两大派之争:归纳法和演绎法之争。西方主流经济学的传统是使用演绎法,它在19世纪重视的是微观研究,而且这微观是抽象的,它的研究得出的是永恒真理。而历史学派却不如此认为。欧肯认为,这是一个二律背反,我们学经济学是为了认识现实经济生活。如何认识现实经济生活?任何一个经济问题,离开了它的历史环境,你就没有办法解释它。但是没有抽象的理论,也无法认清现实经济活动中的各种内在联系。欧肯因此强调，应当把理论的研究与历史的研究结合起来。但欧肯所谓的历史和理论的结合不是简单的混合。

这些年，左大培翻译的东西不多，原因在于，他认为作为一个经济学家，应该有自己的创造。"我为什么不照搬欧肯的东西？因为他除了方法论以外，没有多少独立的理论创造，他的理论完全是照搬西方主流的。"不过，欧肯的研究方法仍然给了他很大的启发。1996年，左大培和裴小革合作出版《现代市场经济的不同类型》，这一市场经济模式的研究就与欧肯的类型分析十分相似。"但是我不像他只关注抽象的类型，我论述的是历史现实中的具体的类型。比方说我把德国和日本算一类。这在企业管理学上表现得特别明显。在当代西方的企业管理研究中，公认管理风格上有英美系和德日系这不同的两大派，德日系的一个基本特征是集体协调的市场经济。我的这种类型划分法，更接近历史学派的研究风格。"

左大培关于弗赖堡学派的著作，除了上述之外，还有他于2012年出版的《弗赖堡学派的启示》一书。不过，他认为自己完成的最重要的著作是《解释资本雇佣劳动》，再就是不久后就要出版的《供给过剩经济学》。这两部著作都主要使用数学化的模型推理。为什么拿模型推理，左大培说这都是学习西方主流经济学的研究路子，所不同的是，他的立足点是批判和修正西方主流经济学理论。"我的模型推理是从现实出发来解释现实，这与欧肯的基本思路一样。"

左大培认为，从德国弗赖堡学派的历史，可以看出西方经济学思潮的变化。在弗赖堡学派形成之前，在德国经济学中占统治地位的是历史学派，而在英法和奥地利经济学界中占统治地位的则是当时西方主流经济学的边际主义经济学和新古典经济学。20世纪30年代的大萧条时期，西方陷入了深刻的社会危机，主流经济学界也出现了摆脱传统的西方主流经济理论的趋势。凯恩斯革命就是力图摆脱传统西方主流经济理论的结果，它另建了一个宏观总需求不足的宏观经济理论，力图把传统西方主流经济理论限制在微观经济分析的范围内。但是同时由哈耶克等人倡导建立了新自由主义经济学，否定凯恩斯的宏观经济学，是对凯恩斯革命的反革命。以弗赖堡学派为理论支柱的德国新自由主义经济学是西方新自由主义经济学的重要一支，其代表人物罗伯凯、艾哈德、欧肯等人都反对经济学中的凯恩斯革命。

但欧肯还有一个很特殊的地方——德国的经济学界本来排斥西方的主流经济学，但是欧肯建立了一套适合德国经济学研究具体历史实际传统的研究方法，给德国经济学界的研究和教学建立了一个基本框架，使联邦德国的经济学界能够顺畅地接受和使用西方主流经济学的理论。"我对中国问题有自己的看法，这有点像德国历史学派，认为不同国家有不同的国情，民族文化、思想意识、历史条件、发展阶段都不一样，所以谁的学说你都不能乱搬。至于搬什么，就得自己分析自己的具体情况。"这句话，多少有点像左大培的夫子自道。

（原载《中华读书报》2022年3月23日第7版）

22. 左大培：这本译著是我近20年学习和研究的"副产品"

左大培，1952年生，1988年获中国社会科学院研究生院经济学博士学位，1988—2012年在中国社会科学院经济研究所从事研究工作，退休前为中国社会科学院经济研究所研究员、中国社会科学院大学教授。翻译的"汉译名著"作品为《国民经济学基础》。

23. 黄燎宇：
翻译《艺术社会史》是一项浩大的"拆建工程"

2022年的春天，黄燎宇得到一个特别的生日蛋糕：猛一看，是商务印书馆2015年版的《艺术社会史》！封面一模一样，尺寸也差不多。当黄燎宇拿出手机给我看生日蛋糕照片的时候，其乱真的程度让我一度以为是图书封面的图片。"可见这本译著对您非常重要。""没有没有，是家人请一位糕点艺术大师做的，我事先都不知道这件事。"黄燎宇一边和我说着话，一边习惯性地用手挠挠剃光的后脑勺，脸上洋溢着笑意。

大部分中文世界的读者或许会对《艺术社会史》的作者阿诺尔德·豪泽尔（Arnold Hauser）的名字比较陌生，但对于相关专业的学者却并非如此。因为他是众所周知的艺术史和艺术社会学大家。但是读过其著作、了解其思想的人少而又少，他的学术地位也鲜为人知。"很少有人知道豪泽尔是卢卡奇和阿多诺的同龄人、同路人，并且基本同属一个学术重量级，很少有人知道他们三个并称为'20世纪最重要的文化社会学家'。如果说卢卡奇和阿多诺的名字在我们的文化圈里已是如雷贯耳，那么豪泽尔就像一个需要被隆重推出的学术'新人'。"造成这种状

23. 黄燎宇：翻译《艺术社会史》是一项浩大的"拆建工程"

黄燎宇

况的首要原因是对豪泽尔著作的翻译严重滞后。他的绝大多数研究成果此前并未被译成中文，其中包括他的代表作《艺术社会史》。我们也几乎没有引进相关的研究文献。国内学界有关豪泽尔研究的成果并不多，论述《艺术社会史》一书的文字更是难得一见。

所以，当2006年商务印书馆向他发出翻译这本书的邀请时，他二话没说就答应下来了。学生时代，黄燎宇专业主攻德语文学，博士论文写的是德国作家托马斯·曼。"托马斯·曼写了好多艺术家小说，我希望从各个角度去了解艺术家是怎么回事，尤其是艺术社会史，如何从社会的角度来看艺术的发展，艺术、艺术家与社会的关系。"在这一背景下，黄燎宇读到了这本书的德文原版。读下来，他觉得这本书"写得非常好"：一是内容信息量很大，是公认的权威学术著作；二是作者文笔好，曾因这本书获得德国最重要的文学批评奖。黄燎宇自言,阅读《艺术社会史》于他不仅是一次知识大丰收和一场别致的思维训练,还是一种语言享受。豪泽尔的语言严谨、大气,而且不乏学术激情和论战气势。如果豪泽尔的语言对他没有吸引力,他多半不会接受这一翻译任务。"我是翻译领域的享乐主义者。但是,豪泽尔的语言翻译起来并不轻松。翻译豪泽尔,既要应对句法挑战,又要应对词汇挑战。"因此,豪泽尔书写的那种层层叠叠的长句子是他笔译课的保留节目。

《艺术社会史》最初用德文撰写而成,但德文版的出版时间晚于英文版。英文版于1951年在伦敦面世,书名为"The Social History of Art",一开始为两卷本,后来变为四卷本(已六次再版)。德文版于1953年由慕尼黑的贝克出版社(C. H. Beck)推出,至今已再版十几次,目前德国各大书店依然在销售该书。贝克出版社称该书为该社的"常青树"。时至今日,《艺术社会史》已被翻译成二十多种语言,几乎囊括了世界上所有大语种。

在20世纪五六十年代的西德文艺研究界乃至整个知识界,《艺术社会史》曾掀起一阵思想小旋风。黄燎宇认为,这一定程度上要归因于《艺术社会史》的大气魄、大气象、大视野。这部著作不仅对从石器时代到20世纪初的欧洲艺术发展史(古代部分也提到了近东)进行了勾勒和阐释,讨论了包括造型艺术、文学、音乐、建筑、戏剧、电影、综艺演出在内的形形色色的艺术现象,更为重要的是,它系统地将跨学科方法应用于艺术史研究,对各种艺术现象进行跨学科的考察和分析,在哲学、美学、宗教学、经济学、社会学、思想史、文化史、心理分析、电影理论等十来个领域纵横捭阖、来回穿梭,为艺术史研究开辟了前所未有的广阔视野。"可以说,在豪泽尔之前,没有哪一本艺术史使用过这等学术长焦和学术广角镜头,在豪泽尔之后,这样的长焦和广角恐怕更是难得一见,因为我们的学术已逐渐步入后现代、后英雄时代。从这个意义上讲,《艺术社会史》堪称'孤本',甚至有空前绝后的意味。"

套用汽车界的术语,黄燎宇称豪泽尔是典型的"德系学者"。黄燎宇说,德系学者的一个明显特征就是嗜好——借用一个艺术史术语——巴洛克式的长句,也就是那种层层叠叠、盘根错节、绵延不绝的主从复合句。这种巴洛克式长句通常由一个主句和若干从句组成,从句又是立体结构,分一二三四级,主句和从句由关系连词连接,主句和各级从句还可能带有各式各样的插入语。如此蔚为壮观的句子,常常游走半页纸甚至一页纸才肯停顿,停顿的标志是句号。打造这样的语言,需要缜密的逻辑,因为复杂的结构总是逻辑思维的体现,同时需要良好的身体素质,因为没有足够的肺活量,恐怕很难一口气把句号出现以前的词句读溜、读完。

"会德语的外国人也可以对此表示羡慕。可是,这种语言很难进入其他语言,进入中文尤其困难。从句法看,中文和德文是截然对立的两个语言世界。中文不喜欢长句、复合句,中文青睐短句和排比;中文的句号对肺活量没什么影响,也管不了那么宽;中文不习惯关系连词,看不惯通篇的'因为……所以……''虽然……但是……''如果……那么……'。这不是因为中文不讲逻辑,而是因为中文欣赏隐形逻辑或者说无形逻辑,倾向于让读者自己去寻找或者体会潜伏在字里行间的逻辑关系。"鉴于中德语言之间的这种反差,黄燎宇得出的结论是:学术德译汉的第一诫是"拆",也就是说,翻译的时候必须逐一拆除德语中的巴洛克式语言建筑,拆得越多越好,拆得越碎越好,拆得越短越好。他戏称自己是带着拆建意识投身于《艺术社会史》的翻译工作,而该书的翻译也由此变为一项浩大的拆建工程。

传统德系学者的另一显著特征是博学。相比一般德系学者,豪泽尔身上的这一特点更为突出。黄燎宇称其为"学术纵横家"。"他在《艺术社会史》中游走于十几个知识领域,穿梭在欧洲几大文化之间,旁征博引时还常常直接引用英文、法文、意大利语、拉丁语。翻译这样一位跨学科、跨文化、跨语种的大学者的著作,必须依靠集体的力量和智慧。"在此前一本小说的译序中,黄燎宇做过一个形象的比喻:一个译者就是一家公司。一个译者,不管他多么勤奋、多么自信、多么有水平,家里收藏有多少本辞书和字典,都有必要求助各路神仙(活字典),请来的神仙人数还应接近一个公司的规模。可以是二三十人的小公司,也可以是二三百人的大公司,这得视翻译作品的难度和厚度而定。请教活字典,既是因为隔行如隔山,也是因为不太信任辞书。查阅辞书,常常是你不知道的,它也不知道,它所知道的往往又不太可靠,逼着我们从因果关系去理解鲁迅说的"字典不离手,冷汗不离身"。所以,只好打扰各路神仙,只能请教活字典。

《艺术社会史》兼有难度和厚度(60万字),翻译过程中,黄燎宇可谓动用了百人团队。这个团队里面有中国人有德国人，有学者有艺术家，有同行有学生，有朋友有家人。"可以说，豪泽尔跨越了几个语种，我就请教了几个语种的活字典，豪泽尔穿越了几个知识领域，我就惊扰了几个知识领域的神仙。"他庆幸自己身处近水楼台，北大外国语学院这个工作平台，让他能够得到来自多个语种多个专业的援助。另外，他担任主任的北大德国研究中心亦为他提供了很多帮助。这里有各路专家学者。"我还有一些社会上的朋友做高参和知识供应商，其中包括学者、艺术家、音乐评论家。需要补充的是，由于神仙也是人，碰到高端专业词汇的时候，我常常需要跟神仙们描述和解释半天才能得到我需要的一个概念、一个说法。"

为了书中的行话和专业词汇，黄燎宇曾多次召开"神仙会"。但即便如此，很多概念的翻译仍然需要自己费心斟酌，最后做出决断。比如：遇到"Urproduzent"这个经济学术语的时候，如果仅仅是望文生义，按照构词法进行推论，他会将其译成"原始生产者"（黄燎宇说那将是鬼话）。后来，一位知名的经济学家告诉他，这是"初级产品生产者"。涉及广为人知的历史人物及文学和学术著作的名称的时候，黄燎宇主张约定俗成，旧译即便不完美也不用改动。不过，如果遇到缺乏现实对应物而产生的词汇空缺，朋友圈也会失灵。当豪泽尔评论作为Dandy的王尔德的时候，黄燎宇请教过专攻19世纪后期英国文学的专家，对方曾撰文论述这一现象，但却巧妙地避开了翻译。黄燎宇说，换到今天，他会毫不迟疑地把"Dandy"译成"精致男"。"原因很简单，我们的社会发展了，现在社会上经常可以遇到讲吃讲穿讲谈吐的男人,'精致男'已成为非常通顺的通用词汇。"让他非常高兴的是,"当初我把几乎每一个翻译难点和疑点都进行了标注(在括弧里注上原文),以接受读者和同行的监督。回头看来,昔日的难点和疑点好些还变成了翻译亮点,其中包括一些'一名之立,旬月踟蹰'的结果"。

2020年,《艺术社会史》被商务印书馆收入"汉译世界学术名著"系列。实际上,自中译本出版以来,该书即被众多高校用作教材。回首往事,黄燎宇一个强烈的感受是隔行如隔山。书中很多学术概念和专业术语的背后,都有着一段长长的故事。采访过程中,他屡次表达自己讨厌译著中那些食洋不化的"鬼话"的立场。无论再高深再专业的词汇,黄燎宇在翻译中秉持的原则是通顺、自然。而豪泽尔的这本书,他"可以告慰自己"的即在于此。

(原载《中华读书报》2022年8月3日第7版)

黄燎宇,北京大学外国语学院德语系教授。翻译的"汉译名著"作品为《艺术社会史》(上下册)。

24. 高建平：
《艺术即经验》推动了当代中国美学的发展

"我一直有一个想法,如果让我翻译一本书,我希望不要给我指定任务,而是能译一本自己特别喜欢的书。"站在译者这一立场,学者高建平表达了自己的愿望。这应该也是大部分从事翻译的人内心的真实诉求。但和许多译者不一样的是,高建平是幸运的,因为他在阅读中"遇"上了心仪的对象——《艺术即经验》,并且通过自己的翻译,成就了杜威这本美学经典首个中译本。

1989年,高建平赴瑞典乌普萨拉大学进行学术访问交流,其间完成了博士课程的学习,取得该校博士学位,1997年回国进入中国社会科学院文学研究所工作。其时,商务印书馆正在编辑出版"现代性研究译丛",高建平被推荐翻译其中的《先锋派理论》一书。原本他想翻译《艺术即经验》,但因去国多年,和国内出版界不熟,待《先锋派理论》的翻译工作结束,他和商务印书馆的编辑也熟悉起来,这才告诉对方自己真实的想法。在听过他的详细介绍之后,商务给了高建平想要的结果。

之前读《艺术即经验》原著时,高建平对这本书就很感兴

高建平

趣，感觉和自己的一些思想有契合之处。这次轮到自己来译这本书，在他看来，是一个特别的机缘。《艺术即经验》被称为20世纪英语世界最好的美学著作，早在高建平之前，即有很多人想译这本书，但由于种种原因未能完成。上世纪80年代美学热大潮中，"美学译文丛书"曾计划收入该书，在封底列出的"'美学译文丛书'部分书目"中，杜威的《艺术即经验》赫然在目，且标明译者姓名——邢培明。后来由于美学热降温，这一丛书未能按原计划出版，邢译本也未能问世。说起来，高建平和邢培明算得上是同事，只不过，等高建平进文学所的时候，邢培明已远赴美国。

高建平向商务印书馆建议翻译《艺术即经验》，是在2001年左右。那时候，他因为手头事情多，翻译工作时断时续，真要说起来，反倒是2003的"非典""成全"了这本书的翻译。那段时间，会也不开了，他哪儿也去不了，幽闭在家，集中精力完成了全书的翻译。此后，又由于种种原因耽搁，2005年才由商务印书馆出版。五年后，该书被收入商务"汉译世界学术名著丛书"。

继商务的首个中译本之后，杜威的这本著作又有了两个新译本：一是金城出版社译本，一是复旦大学组织的杜威全集译本。金城社译本在许多术语的译法上沿用了高建平的翻译，所不同的是，该译本的风格偏向通俗化。此外，为了有所区别，金城社译本将书名译为《艺术即体验》，而全集译本则译成《作为经验的艺术》。

一本书有了三个译名。对其他两个译名，高建平说，"作为经验的艺术"是原文（Art as Experience）的直译。他选择"艺术即经验"，原因有二：第一，"艺术即经验"是传统译法，邢培明的新书预告用的即是这个书名。国内此前虽未有全译本，一些节译本，以及一些美学著作提到此书时，也都用的"艺术即经验"。第二，这也更贴合该书内容，即从经验的角度来论述艺术，并将"艺术"一词放在首位加以强调。

至于"艺术即体验"，高建平认为是一个错误的译法。此处的"experience"不能译成"体验"。他的理由是：第一，因为杜威讲的经验，既包括"做"，也包括"受"，是双向的，而"体验"则主要指接受。第二，杜威强调积累，即过去经验对当下感受产生影响。经验的积累，形成新的经验；经验有积累，就会经验丰富，成为有经验的人。体验则相反，强调当下性。第三，杜威的实用主义哲学，从属于英美经验主义哲学体系。英国的贝克莱、洛克和休谟这些人的哲学，所有的哲学史著作都译成经验主义，不能改译成体验主义。

实际上，高建平在翻译中所遇到的问题远不止这些。一些词，如"活的生物""一个经验""以太物"等译名的厘定，也很费周折。更令他头痛的还有，杜威这本书原来是讲演录，书中时不时会蹦出来某句引文，比如莎士比亚戏剧中的某句话，或是华兹华斯的某句诗。这些引文此前都有很有名的中文译本，例如朱生豪译本和杨德豫译本，不能无视这些译本的存在而自己译。高建平费了很大的力气找到相应的译本，但又常常有所改动。高建平说，这绝不是说他比这些前人译得好，而是杜威在引用这些引文时，有自己强调的点，而这些强调点在这些译文中不一定得到重视。改动的目的，是将这些强调点完整地译出来，使上下文通畅，意义得到凸显。

高译本出版后，受到学术界的普遍欢迎。时隔多年，高建平仍然清楚地记得将这本译著送给几位学界前辈的情景。一次高建平到北大美学美育中心开会，带给叶朗先生一本。叶先生的反应是："我早买了。"又一次，带了一本到济南送给山东大学的曾繁仁先生。曾先生说："这本书太重要了！本来我想让我们这儿一位年轻人翻译的，听说你翻译了，我就让他不要译了。"还有一次去武汉开会，武汉大学教授刘纲纪告诉他："你翻译的《艺术即经验》很重要，很重要。我认为，杜威的思想中，有一些是与马克思的实践思想相通的。"

从当代美学界这些代表性人物的反应中，高建平感受到大家对这本书的认可和对这个译本的期待。译稿能过商务编辑的"火眼金睛"，本身也是翻译质量的一个佐证。当年向商务建议翻译此书时，高建平还经历了严格的试译环节。他一直记得那位编辑的名字——何世鲁。"他开始是让我试译五千字。他给我的试译稿指出了很多问题,例如姓名的翻译,如果是德国人,就要用德语的姓名译名词典,法国人要用法语的姓名译名词典。这些我以前都不懂。但是他对我的译文质量和风格,还是肯定的。他给我附了一封信,结论是:可译。"在何世鲁寄来的打印试译稿背面,高建平意外地发现,用的是废掉的复印纸,上面是另外一个人的译文,最后有何世鲁的批示:此人不适合为商务印书馆翻译。"我当时心里一惊,原来这是一个考试,幸运的是我考试通过了,而那个人没有。"

和商务打交道多了以后,高建平开始了解商务对译著的要求,严谨、朴实,不赞成意译,更不接受刻意的花里胡哨。这点,高建平特别认同。将一批名著以严谨的风格翻译出来,这对中国的学术建设非常有利。从这一点上来说,他认为译者的专业和学养对保证译著的质量非常重要。"我懂我的专业,我能译的只能是我这个专业的材料,其他的东西我肯定译不好。"

《艺术即经验》共14章,其中,第一章"活的生物"为全书纲领。原著中的"live creature"有人译作"活的人""活生生的人",有人译成"活的创造物",高建平最终译成"活的生物"。他认为,杜威用"live creature"有他的深意。"杜威固然是在说人,但受达尔文影响,强调从动物到人在进化中的连续性。直接译成'人',这一层意思就失去了。何况'活生生'的意味也不对,杜威强调的只是内在的、作为生命体的'活',而不是作为外在表现的'活的形象'。"对其他的概念术语也是如此。他的看法是,术语的翻译非常重要,不可随意。为西学著作中的一些词厘定固定而合适的译法,成为基本概念,这对于整个中华学术的发展都具有重要意义。长期以来,很多概念由于没有固定译名,出现理解分歧,很多学术上的讨论都是在打糊涂仗,沦为无谓的纷争。

除了翻译中的这些细节问题,曾任国际美学协会主席、现任中华美学学会会长的高建平更关注的是这本书对推动当代中国美学发展的意义。1919—1921年,应胡适、陶行知、蒋梦麟等人的邀请,杜威来华讲学。其时的杜威,对中国的影响主要在哲学和教育学领域。对于杜威这部1934年才出版的美学著作,当时中国学界的精英们显然没有给予足够的关注。

2019年夏天,高建平和妻子去芝加哥大学参加儿子的博士毕业典礼,在校园闲逛时,意外看到芝加哥大学实验学校(杜威当年创建)门口贴的海报信息:为纪念杜威赴华讲学一百周年,中美两国教育界联合举行以"百年座谈会:当时和现在的杜威"为主题的会议。杜威的思想涵括哲学、教育学、心理学等诸多领域,相比较而言,学界对他的美学思想关注较少。

杜威思想经历了受追捧、衰落、又被重新关注这样一个起起落落的过程,这反映了近一个世纪的意识形态、学术思潮乃至社会文化心理的更迭和变迁。当代美国美学家理查德·舒斯特曼曾说过:"实用主义美学开始于杜威也终结于杜威。"这当然是一个极粗略的概括,但也不无道理。杜威美学在20世纪50年代就被人们遗忘了,其原因在于:第一,《艺术即经验》是演讲体,不像当时流行的分析美学那么严密,也不像当时的德国和法国的美学那么时尚。第二,二战后的50年代至60年代初年,美国出现麦卡锡主义,反共反左,杜威的哲学被认为倾向于左翼,不合当时的潮流。第三,东方世界(其中以苏联为代表)批判他,原因是他卷入了关于托洛茨基的调查。而在中国,由于胡适在思想界地位的转变,杜威自然也受到一定的牵连。差不多半个世纪里,杜威的思想都很受冷落。而对于中国美学界而言,杜威美学在当时还没有开始就结束了。

世纪之交,西方美学界开始出现杜威研究的新热潮。舒斯特曼从杜威思想出发,发展出了身体美学;阿诺德·伯林特从杜威的思想出发,发展了他关于"介入"的思想和环境美学;约瑟夫·马戈利斯实现了实用主义与分析美学的结合;杜威的美学思想渗透到当代许多美学家的思想之中,成为共同的财富。在国内,随着国际美学交流的发展,一些当代西方美学家的著作被译成中文,产生重要影响。研究者们发现,这些美学家的思想之源都要通到杜威那里。在这样的背景下,《艺术即经验》被越来越多的人阅读。

这几年,高建平主编的《外国美学》(CSSCI集刊)经常收到研究杜威美学的文章投稿,从各个角度阐释杜威的美学思想。而他自己,也陆续在这个刊物上发表了十多篇对于《艺术即经验》所涉内容的注释和阐发的文章。于他而言,这也是一个重新接触这本书的过程。"对这本名著,读者有阅读的困难,我试图做一些清理,同时也把自己一些学术上的思考融进去。"同时,高建平指出:对西方的这些思想,我们不能完全照着说,应该采用鲁迅先生所倡导的"拿来主义"的态度,依照我们的美学立场,看看它有哪些东西对我们有所启发,对发展中国美学会起到什么有益的作用。

（原载《中华读书报》2022年9月7日第7版）

高建平，瑞典乌普萨拉大学美学博士，中国社会科学院研究员，中华美学学会会长。著有《中国书画中看不见的身体》等10多部著作，主编《20世纪中国美学史》等10部著作。翻译的"汉译名著"作品为《艺术即经验》。

25. 姚小平：
洪堡特是我考察中西语言学史的一大起点

"如果有雨，就到我家里小坐，顺便看看我存的一套'汉译名著'，好像五百多本，十多年前一次买全的。一直没有时间读，但今春开始陆续看，读了三十来本了。"国庆节前夕，我为"汉译世界学术名著"译者系列访谈联系北京外国语大学的姚小平先生，我们约定节后在他居住小区的湖边见面聊聊。不料那天起风，采访于是改在他的书房进行。客厅的几个书架上，密密实实排满了这套"汉译名著"，橙、黄、蓝、绿和赭石五色的书脊构成了一面醒目的"彩虹墙"。"快的话一天看一本，慢的话一个礼拜一本，逐渐地看。"姚小平一边说，一边拿起阿马蒂亚·森的经济学名著《贫困与饥荒》朝我扬了扬，这是近几日他正在阅读的。而在这五百多本"汉译名著"里，就有两本是他本人翻译的，一本是洪堡特的《论人类语言结构的差异及其对人类精神发展的影响》（以下简称《论语言》），另一本是赫尔德的《论语言的起源》。

1970年，初中生姚小平从上海下放到东北。在1978年考进黑龙江大学之前，他在黑河地区嫩江县红卫公社北江三队务农

姚小平

八年。这期间,他开始跟着广播电台自学英语、法语和西班牙语。进大学后学的俄语专业,同时又自学了日语,研究生毕业后进北外语言所工作,其间到德国学习,又开始学德语,以及希腊语、拉丁语。每当有人惊叹他掌握了那么多门语言,他一定会反驳:不能说"会"多少门外语,至于"精通"就更谈不上了。"我不喜欢'精通'这两个字,应该是'熟'吧。如果按'熟'的标准,应该是英语、德语,能说能写;俄语、法语,读书没什么问题;日语呢,也能看看书。葡语学得晚,是十年前为研究1580年代的一本《葡汉词典》才学的。"因为当工具用过的语言比较多,他的专业身份常常被搞错:比如,他译过《英语字词用法》,编过《汉英词典》,别人以为他是英语专家;从德文翻译《论语言》《论语言的起源》以及甲柏连孜的《汉文经纬》,又让人误以为他是学德语出身。

实际上,姚小平的主要研究方向是语言思想史,而洪堡特研究和《马氏文通》研究构成他考察中西语言学史的两大起点。他译出的德国语言学著作共五种,其中最早的就是洪堡特的《论语言》。相比洪堡特研究,姚小平更看重翻译。在他看来,

25. 姚小平：洪堡特是我考察中西语言学史的一大起点

译本一旦出来，就会有很多人读它，这相当于推广了洪堡特的学说。"人们往往瞧不起翻译，某种意义上，翻译往往比研究更重要。"但在姚小平这儿，研究洪堡特比翻译洪堡特要早得多，而他决定做洪堡特的研究，多少有点偶然。1985年，姚小平第一次去德国，在科隆大学图书馆里读到洪堡特的著作，遂产生强烈的兴趣。这期间，他除了学习几门新的语言，主要的时间都用来读洪堡特几十卷的全集，收集相关的研究资料。这之后，姚小平陆续写过很多篇关于洪堡特的论文，这些文章后来结集为《洪堡特——人文研究和语言研究》（外研社，1995年）。

姚小平完成《论语言》的翻译是在上世纪90年代初。此前，他和商务印书馆从未打过交道，因为自己的领导、北外语言所所长许国璋先生很看重这本译著，经由许国璋的牵线搭桥，洪堡特的这本语言学经典最终于1997年在商务出版，并于次年被收入"汉译世界学术名著丛书"。"这本书的影响很大，不管怎么说，它是国内的第一个中译本，学界评价也还不错。"说到这点时，69岁的姚小平"一直到今天还感到很自豪"，觉得自己"做了一件大事情"。

洪堡特学识渊博、兴趣广泛，曾在美学、民族学、古典文化等一系列领域进行过深入的探索，但他一生的主要兴趣集中于语言的研究，并取得了很大成就，被视为理论语言学和19世纪整个语言哲学系统的创始人。在他之前，德国人文科学史上虽不乏语言哲学著作，但其《论语言》却被后世的欧美语言学界誉为第一部普通语言学巨著，也是理论语言学的奠基之作。洪堡特的文风和哲理接近于黑格尔和康德，姚小平从德文直译，其间经历诸多繁难,一本书断断续续译了三四年。

与此相反的是赫尔德《论语言的起源》,当年,姚小平利用暑假几个月的时间就迅速地完成了全书的翻译。据了解,《论语言的起源》姚译本是目前为止唯一的中译本,也是先在商务出版单行本(1998年),随后被收入"汉译世界学术名著丛书"。"赫尔德和洪堡特的语言风格完全不同,一个是严谨的学术语言,一个是浪漫诗化的语言。《论语言的起源》就是一部很长的诗篇。"有外国读者评价说,《论语言的起源》可能是西方有史以来叹号用得最多的一本书。作为译者,他必须自如地穿行于不同语言风格的世界。译洪堡特的书,需要对德国人文科学,对黑格尔、康德的著作有大致的了解,而翻译浪漫主义文学代表的赫尔德的书,则应该具有歌德、席勒等人作品的基础知识。对姚小平而言,翻译之难,在于传达原作的语言风格。"《圣经》里说语言是上帝创造的,赫尔德要反驳'语言神授论',他处在那样的时代环境,只能拐弯抹角地进行。所以你得站在他的立场,跟着他思考怎么样巧妙地避开那些绊脚石,因为他不能否认上帝的存在。他得绕开它来阐述语言是人的发明。这是很难的事情。"

在姚小平之前,国内对于赫尔德的语言学基本上没有什么研究,最多只是提到《论语言的起源》时评点几句而已。他的翻译无疑具有拓荒的意义,"虽然只是很小的一本书,但它在西方语言思想史上很重要"。可惜限于精力,姚小平没有深入赫尔德的研究。

姚小平关注语言学思想史,更关注语言学史上的个案,在这方面做了很多开拓性的工作。1995年,他第二次去德国访学,接触到一些德国做语言学史的学者,他发现对方的研究方法比较好。"他们有一种宏观的语言学史,或者说是一种历史哲学的思维,这个在中国做语言学史的人当中比较少,所以我的感悟比较多。"回国后,姚小平开始撰写一系列文章,介绍西方的语言学史研究,如历史哲学的、语言学史学的等等,然后开始关注一些个案。"个案很重要,是做史的基础。"这是姚小平一以贯之的观点。

关于洪堡特,姚小平曾花很大精力将其一些分散的语言学论文收集起来,编成《洪堡特语言哲学文集》出版。某次,他应邀到北大中文系参加座谈,在座的徐通锵先生对他说,作为个案研究,你选的两个点(洪堡特和《马氏文通》)很好。"其实这也不是特意选的,而是碰上的。研究洪堡特是一种巧合,碰上了就喜欢了,然后就做下来了。《马氏文通》也是无意中碰上的。一个是外国的,一个是中国的,但确实都很重要。"

因为学习的外语比较多,了解国外的情况,凭借这一优势,做个案研究时,姚小平有了一种更开阔的视角:在观察中国语言学史的时候,往往能跳出来,从西方语言学史、世界语言学史的角度来观照。反过来,看西方语言学史时,参照中国语言史,又能看到西方人的不足和长处。这与仅仅只是做中国语言史或西方语言史的人相比,他在中西相互观照、比较的基础上,又多了一重相互渗透的视角。正如他的《马氏文通》的研究,将这一中国首部本土汉语语法著作放置在世界语言学史的背景下,对其进行中西比较,而非仅仅只做本体研究。

受父亲的影响,姚小平从小就对历史很感兴趣,曾大量阅读历史典籍,所以他的语言史研究,除了专业领域本身,还有更高一层的史学史和历史哲学的眼光。"我做的语言学研究实际上是属于文化史的东西,或者说是大文化史、大历史的一部分,所以我一直对欧洲的文化史很感兴趣,包括对中国文化史也有兴趣。一条是文化史的线索、兴趣,一条是语言学史的兴趣,在我这儿一直是交叉的。"沿着这一研究路径,姚小平开始向更为深广的领域挺进,从中西不同的个案延伸到长时段的语言思想史。同时也借助中西比较的视角:站在中国看西方,站在西方看中国,然后又与个案相结合,经由个案来整合思想史。

采访过程中,姚小平时不时起身去书架上拿来自己这些年出版的著作。眼前的这两本,《汉文经纬》和《华语官话语法》,都属于他组织编译的"海外汉语研究丛书"。其中,《华语官话语法》为西班牙的弗朗西斯科·瓦罗所著,1703年出版,是传教士编写的第一本汉语语法。而1881年出版的《汉文经纬》是德国著名汉学家甲柏连孜的著作,也是历来西方人研究古汉语语法的佳作之一。姚小平说,中西方的语言学史发源都很早,但起初两条路线并无交集。中国语言学以文字为对象,西方语言学以词为对象,它有音有义,是一种形态很丰富的语言,所以其特长是语法非常强,词典比较弱(大概一千年后才出现)。但中国语言学史恰恰相反,词典的历史可以追溯到先秦的《尔雅》,其中以《说文解字》最为知名。到明末时,随着利玛窦等第一批传教士来到中国,因为学习汉语的需求,从那个时候开始,不断有西方人编写汉语语法,用西文字母给汉字注音,编欧汉、汉欧词典,等等。

"我为什么要主编这套书,是为了还原历史,而且他们的东西到现在对我们还有影响,有贡献。"姚小平说,以前中国学者评《马氏文通》都是从中国的角度出发，认为它是第一本语法著作。他的立论是：它是中国人自己写的第一本汉语语法，但是从世界汉语研究史上看，这不是第一本，因为在它之前，西洋人研究汉语语法已有二三百年的历史，这方面的著作差不多出版了20本左右。

说到这个话题时，姚小平特别强调说，中国最早的系统的汉语语法观念是从西方来的，中国借鉴西方非常多。上一代语言学家如王力、吕叔湘、高明凯等人主要是吸收西洋语法的框架，而其源头则指向丹麦语言学家叶斯柏森的《语法哲学》。洪堡特的著作属于语言哲学范畴，是从哲学层面关于语法结构的一种思维和思考，不涉及具体的语法细节。从这个意义上来说，洪堡特的《论语言》对于中国的语言学界，有填补空白之功。

"洪堡特的语言疙里疙瘩，不好弄。"但一旦跨过这座"高山"，此后便是一马平川。这之后，姚小平读18、19世纪的德国语言学著作都很通畅，还写作出版了《17—19世纪的德国语言学与中国语言学》，其中反复谈到洪堡特，算是"翻译后的一个成果"。姚小平的学术研究看似繁杂、多元，追溯起来，实则有其内在的理路可循，那就是开始去做一个具体的研究，然后顺着这个点慢慢扩展。于他而言，洪堡特是一个具体人物，译完之后他扩大面积，再变成一根线，将一系列的德国语言学家联系起来，与中国进行对比，再往后延展到20世纪初。近一二十年，他关注的范围更大，涵盖整个的西洋汉语研究史，而其始发的源点就是洪堡特。

原载（《中华读书报》2022年10月26日第7版）

姚小平,北京外国语大学外国语言研究所研究员。翻译的"汉译名著"作品为《论人类语言结构的差异及其对人类精神发展的影响》和《论语言的起源》。

26. 杨春学：
李斯特对我更重要的影响是他的精神形象

"做梦都没敢做过这样的梦！"1988年，26岁的杨春学还是云南财政贸易学院（现为云南财经大学）一名年轻的教师，当他有一天被从北京远道而来的商务印书馆两位编辑找上门来，约他翻译德国著名经济学家李斯特的著作时，他的震惊（惊喜）在三十多年后的今天，依然清晰地留在心间。在那个年代，给商务印书馆译书，本身就是一件非常荣耀的事，何况那时的他地处偏远的昆明，在学界尚是一个无名小辈。杨春学回忆说，在云南大学经济系读本科时，得知当时的系主任朱应庚先生是商务"汉译世界学术名著丛书"中《繁荣与萧条》一书的译者，同学们心里都莫名地有了一种自豪感。

当然，天上不会无缘无故"掉馅饼"。从商务印书馆的编辑那儿得知，商务此番上门邀约，是由于中国人民大学李宗正教授的推荐。时光回溯至1985年11月，杨春学为修改和充实硕士学位论文《李斯特经济发展理论研究》，远赴北京查找资料。临行前，导师赵崇龄给了他几位在北京的同行好友的电话，嘱咐他有问题可向这些经济学界的名家求教。一天他在北京图书馆（现

杨春学

国家图书馆）查资料时，意外地发现李斯特的传记和《政治经济学的自然体系》（以下简称《自然体系》）。此时的杨春学"大喜过望"，因为此前他所看到的有关李斯特研究的国内文献都不曾提及此书。于是，他复印了《自然体系》《美国政治经济学大纲》，以及W. O. Henderson所著的 *Friedrich List: Economist and Visionary 1789—1846*，并通过电话联系李宗正先生，表达向其请教的意愿。

拜访李宗正时，杨春学带上了这些复印资料。对李斯特还有《自然体系》这样一本书，李宗正似乎也感到意外。"好啊，你发现这本书，对你研究李斯特的思想很有帮助。"李宗正翻看了一会儿复印稿，确认这的确是李斯特的著作。那天，除了谈李斯特著作，杨春学还就论文写作中的一些问题向李宗正请教，李宗正细心地和他交谈对某些观点的表达和论证问题。交谈结束后，李宗正执意留他在家里吃饭。

每逢回忆起这些往事,杨春学总是百感交集,内心激荡起某种难以言说的复杂情感。"事前,我不认识(商务)王涌泉和张宗理两位编辑,虽然知道李先生的大名,却也未曾谋面。那个年代的经济学学子,谁不知道李先生的大名呢?"杨春学在云大读书期间,李宗正与鲁友章编写的《经济学说史》,是经济学专业的必选教材。

从1988年接手翻译德国经济学家弗里德里希·李斯特的《自然体系》和《美国政治经济学大纲》,杨春学很快完成了任务,但出于对译稿质量负责,他又花了很长时间对译稿进行修改、润色,还请同校一位外语系教师帮忙校对一遍才向商务交稿,最终于1997年出版。其中,《美国政治经济学大纲》以附录形式,收在《自然体系》中。2022年,该书经专家论证,收入"汉译世界学术名著丛书"。

对于杨春学而言,翻译这两本书并不存在专业术语的难题。在李斯特那个时代,德国经济学文献所使用的语言,与德国古典哲学的语言风格截然不同,一般读者阅读和理解都没有问题。但是,由于《自然体系》中大量涉及欧美经济史和古典政治经济学方面的知识,翻译中要真实地表达出作者语言的含义,译者需要具备这方面的知识背景。在杨春学看来,翻译是最深度的研读方式,因为这一过程会迫使译者不断思考如何充分而准确地把原文转化为中文表达。

早在云南大学读本科时,他就对欧美经济史产生了浓厚的兴趣,想探究落后国家贫困的历史原因,因此,本科毕业论文选取了《德国易北河以东地区的农奴制复辟问题》,硕士学位论文为《李斯特经济发展理论研究》。1986年硕士毕业后,围绕硕士学位论文,他接连发表了"论李斯特对《国富论》的发展"(1986)、"论李斯特的教育经济思想及其现实意义"(1987)、"李斯特思想再认识:经济发展理论"(1988)等好几篇论文。如果不是因为某些时代的原因,杨春学会留在原单位,参与新组建的经济研究所,成为一名优秀教师和经济学研究者。

但既然想法改变了,他于是开始新的人生规划。想起读书期间读过著名经济学家朱绍文先生的"弗·李斯特的国民生产力理论"和"《国富论》中的'经济人'的属性及其品德问题"等文章,他复印了自己关于李斯特的论文,寄给朱绍文先生,表达了自己想报考博士的意愿。很快他就收到了朱绍文表示"欢迎"的回信。1992年,他如愿考入中国社科院经济所。跟随朱绍文读博士后,杨春学才知道,导师早在东京帝国大学读大河内一男教授的研究生时所写的学位论文题目就是"弗·李斯特国民生产力理论研究",其中的部分内容曾以"弗·李斯特的国民生产力理论与中国现代化"在日本《扬子江杂志》上两期连载发表。再后来,他进一步了解到,大河内一男对李斯特也颇有研究,其《过渡时期的经济思想:亚当·斯密与弗·李斯特》2000年国内曾出版了中译本。中日不同的国家,几代学者的代际传承,杨春学在隐约中接续了李斯特的研究流脉。

"李斯特最早写作《美国政治经济学大纲》,是以书信形式写的,只有一些思想火花,到《自然体系》开始整理他的思想,但因为时间仓促,表达受到限制,发展到《国民体系》(全称为《政治经济学的国民体系》),他开始非常系统地重新来阐述自己的经济学思想。"杨春学认为,李斯特的这三本著作其实是一个不断延伸、发展、充实的体系。

1837年,流亡巴黎的李斯特应法国道德和政治科学院的有奖征文,写作了《自然体系》。当时,科学院提出的问题是:"假若一个国家要实现自由贸易或修改其关税政策,应该考虑到哪些因素,以便以最公平的方式协调生产者和消费者的利益?"而这也正是他一直思考的后进国家发展问题的政策主题之一。不幸的是,这本书稿直到1925年才被研究李斯特的德国学者阿图尔·佐默尔在法兰斯研究所的档案室里发现,并于1927年以《弗·李斯特选集》第四卷的形式第一次公开出版。

在杨春学看来,《自然体系》的重要学术价值,不在于李斯特为贸易保护主义政策所做的辩护,而在于以较为宏大的历史视野,对落后国家应如何基于国情而发展生产力(productive powers)问题展开的讨论。在这种讨论中,工业化是具体的发展方案的核心。而这种主题和讨论在其1841年出版的《国民体系》中获得了更充分、更系统的表达。可以说,李斯特是第一位真正意义上的发展经济学家。

"研读和翻译《自然体系》,给我带来的最大收获是,让我充分认识和重视李斯特提出的'精神资本'或'智力资本'概念的独特价值,以及它在李斯特国民生产力理论中的重要地位。这个概念远远超出了现代经济学中'人力资本'的含义。"什么是"精神资本"?杨春学说,那就是体现在个人身上从事经济活动的愿望、能力、品德、心理和情绪,包括智力、知识、技能、自信、未来预期、理性思考、进取心、冒险精神及其他的心理和精神状态,等等。李斯特最著名的论断之一是,生产财富的国民生产力比财富本身要重要得多。在他看来,教师、牧师、音乐家等都是"精神资本"的生产者,是物质财富的生产力的生产者。

杨春学认为,李斯特运用"精神资本"这一概念,意在为后进国家广泛的制度改革提供一种思想基础。这种意图是借助于"政治生产力"概念来表达的。他利用"政治生产力"概念,分析和说明社会和政治制度对国民"精神资本"的影响。例如,他认为:"司法公正、陪审制度、国会立法、公众监督行政、地方自治、言论自由、有益目的的结社自由——这些都足以使立宪国民以及官员获得一定程度的精神力量,这种效果是难以用别的方法获得的。"因此,他对封建专制、教会特权等封建主义持强烈的批判态度,写道:"仅仅土地独占这一事实,就使专制君主、寡头政治的执政者或教士阶级对广大农民有了统治权,而广大农民本身却无法摆脱这种统治。就任何纯农业国家的情形来说,暴力、迷信和教士政治加在农民身上的枷锁,在顽强的习惯势力下已经这样根深蒂固,因此农民已经把它看作是他们自己身体的一个不可缺少的组成部分,看作是他们生存本身的必要条件。"因此,在这类农民身上,只有体力,而没有"精神资本"这种最重要的生产力。

"这种批评发自李斯特内心的真实感受。"李斯特本人就身受与这些精神背道而驰的专制制度的迫害之苦。虽然《国民体系》的出版,使赞赏李斯特的人群不断扩大,其声誉也达到生前的顶点,然而,正如杨春学在《自然体系》的译序中所写的那样:学术上的成就并未给他带来什么好运,物质生活的贫困,加之德国封建势力一直没有放弃对他的迫害,终于促使他于1846年以自杀的方式结束了他那颠沛流离的苦难生涯。

1925年,《政治经济学的国民体系》(当时书名译为《国家经济学》)首个中译本出版,译者王开化先生。其后,该书又经陈万煦重译,于1982年收入"汉译世界学术名著丛书"。回顾李斯特在中国的接受史,在民国时期的中国经济学界,基于中国当时的国情,有一批学者甚为推崇李斯特的贸易保护主义,且特别重视李斯特基于国家和民族经济利益考察问题的视角。而到了中华人民共和国成立之后直至改革开放这一时期,国内对李斯特思想的研究没有什么进步,甚至因为李斯特被列入"庸俗经济学家"而出现退步。对其思想的介绍,也几乎仅见于教科书中。

"学界似乎过于强调李斯特的贸易保护主义者形象,这确实也是他在世时最著名的形象。"但在杨春学看来,这种形象不足以表达李斯特的思想精髓。对李斯特思想的评价,要充分考虑到其身处的国情。李斯特时代的"德国"还不是一个真正意义上的国家。终其一生,李斯特都在谋求通过政治和经济上的一体化改革来推进国家的统一。基于国情,李斯特强烈批评古典政治经济学所倡导的自由贸易政策。在他看来,贸易保护是像德国这样的落后国家走向工业化道路必然要经历的一种过渡性政策。一旦这些国家在经济、社会、政治等方面达到与英国相当的发展程度,就可以选取自由贸易政策,从而享有高度的繁荣与文明。

"然而,李斯特并没有全盘否定古典政治经济学。在《国民体系》中,他高度赞扬亚当·斯密,认为正是他'使政治经济学成为一门科学有了可能'。事实上，他的生产力理论也是对斯密有关思想的一种发展。"对于这一问题，杨春学1986年曾撰写"论李斯特对《国富论》的发展"进行讨论。朱绍文认为，李斯特经济学是发展中国家的经济学，有它本身特殊的使命。大河内一男则把李斯特视为"德国的亚当·斯密"。杨春学说，这才是李斯特在经济思想史上应有的地位。

于杨春学而言，这位德国经济学家对他的影响更多的是在精神层面。从最初接触李斯特研究开始，其为民族、国家的繁荣而不懈追求奋斗的精神形象就深深地烙印在他的心里。"我认为这是所有学者的追求。学者就像大夫，要察看社会存在什么问题，然后分析、研究和解决问题。一个（经济）学者不管研究什么问题，主要目的是要对理解当前的本国社会经济发展有帮助。"

杨春学后来从事欧美经济思想史研究，从初衷上，这和他关切中国现实问题是直接相关的。

（原载《中华读书报》2022年11月30日第7版）

杨春学，首都经济贸易大学教授、博士生导师，学校学术委员会主任委员。兼任中国《资本论》研究会副会长、中国比较经济学研究会副会长、中国少数民族经济研究会副会长、北京外国经济学说研究会副会长。曾任中国社会科学院经济研究所研究员（二级）、副所长。研究领域为欧美经济思想史及学说、现实问题的政治经济学。翻译的"汉译名著"作品为《政治经济学的自然体系》。

27. 周流溪：
继续完成吕叔湘先生未竟的事业

1978年,正值"文革"结束百废待兴的时期,恰逢研究生培养制度刚刚恢复,32岁的周流溪、34岁的王菊泉和24岁的陈平分别从广州、上海和无锡考进中国社会科学院语言研究所,师从吕叔湘先生,三人由此结下同门之缘。而在读书期间,三人合作翻译了英国语言学家帕默尔的《语言学概论》;译稿经导师吕叔湘先生审校,并为之作序,1983年在商务印书馆出版。30年后,这本西方语言学经典被收入商务"汉译世界学术名著丛书"。当年的师兄弟,毕业后天各一方:周流溪留京工作,王菊泉回了上海海事大学,年龄最小的陈平则远赴美国继续深造,后来在澳大利亚昆士兰大学任教。

"我这里可讲的故事太多了,十几个小时都讲不完。这本书是几个人合译的,后来几次修订,都是我一个人在折腾。"在我第一次打通周流溪的电话,表明采访的来意后,他像是遇到了多年的老友,终于有机会一吐心里的孤寂情愫。45年前,周流溪曾计划到北京大学师从王力研究汉语音韵学,又打算考入中国社科院外国文学所拜在卞之琳门下;但后来思来想去,还是转向语

两位导师（左一廖秋忠，左二吕叔湘）为弟子们讲课（右一王菊泉，右二周流溪，右三陈平）

言所攻读由吕先生开创的英汉语法对比专业方向，成为社科院语言所的第一届研究生。学习期间，留美归来的廖秋忠先生（周流溪、王菊泉、陈平三人的副导师）为他们讲授当代语言学课程。吕叔湘先生给学生们上的课是边讲解边讨论其新著《汉语语法分析问题》。此外，周流溪他们还修过周殿福先生给全所研究生开设的语音学课程。

在草创条件下，这样的语言学课程分量对于研究生显然不足。陈平记得第一学年里，吕先生为了提高他们的写作和翻译能力，还另外定期为他们三人布置英语作文和英汉翻译练习，并亲自批改。他们三人上交作业前，往往还会互相批改，力争将作业修改到自认为的最佳状态。但每次作业发回后，他们看到的是先生满纸红笔批改，对于先生高超的英文造诣和精妙的翻译技巧，三个学生佩服得五体投地。完成课业之余，他们偶尔也会技痒，应外界邀请翻译一些文章发表。但吕先生知道之后并没有批评他们。"1979年5月下旬的一天，我们接到吕先生的来信，问我们是否愿意合作翻译L. R. Palmer（帕默尔）的 *An Introduction to Modern Linguistics*（《语言学概论》）一书，以此来替代学期的专业课考试，并补充说：'你们练习了翻译，译文如能出版对别人也有好处。'"当年的细节，王菊泉还记得非常清楚。

帕默尔的《语言学概论》1936年由英国麦克米伦公司出版。全书共九章，包括两个附录在内也不过200页左右。由于李荣先生1949年前曾译过前面三章，吕叔湘先生经他同意将那些旧译稿拿来使用，在此基础上再让三个弟子分工续译该书其他部分。等译完交稿，吕先生亲自进行最后的校对并且定稿。

帕默尔是典型的"老派"语言学家，《语言学概论》代表了那个时代的语言研究特色，那就是重语言事实，重历史源流，重文化背景，重语言比较。书中用大量篇幅讨论有关语言现象的演变以及语言和文化之间的密切关联，介绍历史比较语言学和方言地理学的研究成果，同时也讨论当时引人注目的一些语言理论。在陈平看来，其中最精彩的部分是描写某些语音、词汇和语义现象的历史发展，来龙去脉讲述得十分清晰。有关文字和方言部分也写得十分出色。"一个显而易见的事实是，人类语言是十分复杂的现象，具有非常丰富的内容；今日语言学系的教学研究内容固然是语言的重要方面，但20世纪上半叶传统语言研究内容对于全面理解语言奥秘、促进语言学习和应用也是必不可少的。从这个意义上来说，帕默尔的《语言学概论》为读者提供了现在已经不太常见的知识、视角和研究方法。"

虽然《语言学概论》书名看起来为教科书性质，但其内容"更多是作者个人研究成果的体现"（池昌海，"框架、概念和关联——'语言学概论'类教材略谈",《通化师范学院学报》2009年第9期)。书中具体讨论的不少内容和观点,从时隔八九十年以后的今天来看,非但没有过时,而且还可以让读者领略到作者超前的学术眼光和别具一格的研究方法,从而加深对当代语言学各种理论和研究方法的理解。"与四十多年前我们这一辈初次接触语言学时相比,今天的大学生和研究生学习语言学的条件已不可同日而语。但即使这样,帕默尔的这本书作为一本语言学的入门书还是值得一读。"王菊泉认为,这本书在关于语言本质和语义的深入讨论,从功能角度对语言现象进行探讨所做出的尝试,对语言问题的阐述所体现的历史性原则,以及把传统语文学和现代语言学结合起来、把务虚和务实结合起来的研究方法等诸多方面,都给读者留下了深刻的印象。

"在今天的语言研究者中,从功能角度对语言问题进行探索已极其平常。但联系帕默尔写作此书时的时代背景以及20世纪现代语言学的发展历史,我们便不得不对作者敏锐的学术眼光表示赞赏了。"王菊泉说。1916年,索绪尔的《普通语言学教程》出版,标志着结构主义语言学的诞生。此后几十年间,在索绪尔的理论基础上,结构主义语言学发展出了欧洲的日内瓦学派、哥本哈根学派、布拉格学派和美国的描写语言学派等分支学派。事实上,当代语言研究的发展史也证明了帕默尔关于功能学说是"今日语言学里最有前途的运动之一"的预言,同时也证明了这本书尝试从功能的路线研究语言的价值。20世纪70年代以后,功能语言学和认知语言学先后崛起,在世界范围内形成了广义上的功能主义学派,与在结构主义的基础上发展起来的形式主义学派相抗衡。

鉴于《语言学概论》的学术价值,商务在1983年首次推出中译本后,于2013年将其列入"汉译世界学术名著丛书"(2016年第二次印刷),2017年列入商务成立120周年纪念版"汉译世界学术名著丛书"分科本。但这几次修订工作,由于吕叔湘和李荣两位先生已故去,王菊泉和陈平各自远在异地,全都落在了周流溪一人身上。幸亏李荣先生遗下的帕默尔英文原版书在他手里,使补校工作有了便利的条件。几次修订中,周流溪添加了不少译注,对术语做了系统的修改,更是逐章对译文进行了加工润色,包括修正误译漏译、修改生硬拗口或带方言味的译文等。

采访周流溪那天,他把时间安排在他去北师大校医院体检结束,2022年秋天的某个上午。那时疫情尚未结束,我在医院门口等了他将近一小时,然后在医院附近北师大附属幼儿园里孩子们玩闹的声音和附近食堂油烟机巨大的轰鸣声中,听他回顾翻译这本书的过往,以及几次修订工作经历的种种艰辛和繁杂。"为了使这部'老书'继续发挥作用,就要把译本提高到当代学术的水准。但我们是译述,而非撰作;我们只能在非常有限的空间内力图有所作为。"修订过程中,他一边做一边摸索,编写了一套顺口溜来说明自己的原则和方针:"驯生翻、救散拗,辞芟方、逗改貌,补按笺、增疏校;更旧名、求新效,溯源深、驱雾罩,对比观、学以教。"也就是要去除生硬拗口的、太粗散的、带方言味的译述,使文本更通顺雅致,术语更规范合时;还补写了一些笺注以减少读者对难明语句的迷惘和疑惑,增加此书的学术含量和进一步提高其理论水准;并多作疏解、比较和提示以利于向读者传授学习经验。2022年版还补回了有利于读者寻检的详细索引。

这次关于帕默尔这本《语言学概论》的译者访谈，在京的周流溪最先完成。此后我又辗转联系到上海的王菊泉，再经由他向远在澳大利亚的陈平传递了采访的意愿和内容。其后的几个月里，王先生（病愈后）和陈先生先后发回他们的书面采访回答，这件事才算圆满结束。"本书的翻译是译者们学习语言学的一次有益的练习。此番校订仍然是学习，并且是继续完成吕先生未竟的事业。"某种程度上，这可以看作是周流溪他们对自己翻译工作意义的一个界定。而2014年，陈平在复旦大学的一次学术讲座中提到两句古诗：鸳鸯绣取从君看，不把金针度与人。他记起40多年前，恩师吕叔湘先生给他们上课的时候说，应将其中的"不"改为"还"：鸳鸯绣取从君看，还把金针度与人。"岁月如水一样流去，将我们承接的学术传统一代一代地传下去，这是我们应尽的责任。"

一辈子的同门情缘，一本译著从初版到再版的时间淘洗，几十年的师生学术接力，亦如是。

（原载《中华读书报》2023年3月8日第7版）

周流溪，北京师范大学教授、博士生导师，香港大学名誉教授，中国翻译工作者协会会员，中国英汉语比较研究会理事，北京市语言学会会员，国际世界语协会会员。翻译的"汉译名著"作品为《语言学概论》（与李荣、王菊泉、陈平合译）。

王菊泉,上海海事大学外国语学院教授。翻译的"汉译名著"作品为《语言学概论》(与李荣、周流溪、陈平合译)。

陈平,澳大利亚昆士兰大学语言与文化学院讲座教授,翻译的"汉译名著"作品为《语言学概论》(与李荣、王菊泉、周流溪合译)。

28. 李秉勤：
中国的社会政策，要学习西方经典，更要寻找自己的方向

在西方学界，社会政策（social policy）是一门历史不算悠久的跨学科领域。这个专业涉及政治学、社会学、心理学、经济学、管理学等社会科学领域的理论和方法论，关注社会平等和正义，关注弱势群体，防范社会风险并创造包容性的社会。在方法论上，它更加注重问题导向。自英国于1940年代创建福利国家（welfare state）以来，这一领域的学科建设也迅速发展。在中国，随着全球化、数字化和老龄化的到来，这一学科近20年来也开始受到学界及社会各方面的关注，并逐渐成为一门显学。

时至今日，无论是政府、民间，还是学界，社会政策这一学科为国人所知并被接受，上世纪一批出国留学并致力于从事社会政策研究的学者发挥了很大的作用，李秉勤即是其中之一。网上浏览近年来相关领域的话题，常常能看到她活跃的身影。在一份关于李秉勤的身份介绍里是这样写的：澳大利亚新南威尔士大学社会政策研究中心教授，华人社会政策研究项目主任，带领团队从事与中国和世界华人有关的社会政策研究。

28. 李秉勤：中国的社会政策，要学习西方经典，更要寻找自己的方向

李秉勤

"我们现在做华人社会政策比较研究，这跟当年读安德森的《福利资本主义的三个世界》，并受到他的影响有关。"上世纪90年代，在南开大学读完经济学博士的李秉勤远赴英国，在伦敦政治经济学院（LSE）继续攻读社会政策专业的博士，毕业后做博士后研究，赶上系里招人，她因此有机会留校任教，直到八年后因举家迁往澳大利亚才不得不结束在LSE的教学生涯。伦敦政治经济学院历史悠久，一向被誉为"世界领先的社会科学教育及研究机构"（在2013年的QS世界大学排名中，社会科学及管理学排名位居世界第二）。社会政策作为一个学术领域即起源于伦敦政经，至今仍然是全球最重要的社会政策系之一，出了一大批著名学者。

在伦敦政经，丹麦经济学家埃斯平·安德森的《福利资本主义的三个世界》是社会政策系学生的必读参考书。在这本书中，安德森根据社会福利的不同方式对福利国家进行分类：1. 自由主义的福利国家（英美），其特点是社会开支少，领取福利需

要经过资历审查，政府在福利提供方面的作用有限，更多的是济贫，追求底线公平。2. 保守福利国家（意大利、希腊），强调传统家庭价值观，并通常通过社会保险计划（如养老金和医疗保健）提供福利。3. 社会民主福利国家（北欧），向所有公民提供普遍的社会福利，如教育、医疗保健和养老金，不考虑其收入或社会地位，追求普遍的平等。

为什么这本书能成为经典？"它在如何看待和比较福利制度的方面为研究者提供了非常有用的思路。"李秉勤说，社会政策是一个具有地方特色的政策领域，每个国家面临的问题、解决的思路和拥有的资源都不一样。"学者很容易变成只盯着自己眼前的政策，认为自己是特色，不关心其他国家的做法。不要说当年，即便是现在，我们组织国际会议的时候还会有人问，为什么我们要听北欧人讲他们的政策？中国的政策和我们有什么关系？所以，如何能够把庞杂的社会福利体系进行全面的比较，并让来自不同国家的读者深入浅出地理解各国的特征，对很多学者来说是非常令人头痛的问题。"

尽管分类法在比较福利体系研究中并非首创，但安德森在上世纪90年代，想方设法寻找大量数据揭示看似不可能用定量分析完成的研究，有方法论上的启示，其探索精神更是值得推崇。他从劳动力去商品化的视角切入对福利制度的分析，其理论基础是权力资源理论，也即通常所说的政治（权力的分配）经济学（资源的分配）的思路。换成通俗易懂的表达，就是福利制度从本质上可以看作是用一套分配体系来降低劳动者"手停口就停"的风险。当一个劳动力不得不"手停口就停"的时候，他所面临的生活压力和风险可想而知。"在这样的制度下,人就是出卖劳动力,是商品,是经济活动的工具。而安德森在《福利资本主义的三个世界》里,就是要看某一种福利制度在帮助人们降低商品化方面的政策的逻辑和效果。"

时间回溯至二十多年前,那时李秉勤还在伦敦政经读书,其间她受邀参加贡森和他的导师在英国谢菲尔德学院主办的一个社会政策学术研讨会,这也是国际上比较早的一次中外学者共同参加的、以中国的社会政策为主题的专业会议。在那次会议上,有很多学者提出中国的高校也需要设立社会政策专业。也因为这次会议,李秉勤和贡森决定合作主编"社会政策译丛",后来在商务印书馆出版。

那时候,中国留学生学社会政策专业的人很少。考虑到国内社会政策学科尚处于空白状态,李秉勤和贡森等人提出翻译一些相关的著作在国内出版,但他们向国内很多机构推介时,对方往往一脸茫然,合作自然无从谈起。在联系商务印书馆之前,他们曾去过好几家出版社,但对方都因为不了解这一领域不愿意出版。后来经天津翻译协会介绍,他们联系上商务印书馆,没想到一拍即合,商务决定出版一个系列,也即后来读者看到的"社会政策译丛"。这套丛书的责任编辑张胜纪和他们一合作就是好几年。

"很多人不太愿意做翻译,因为太耽误工作。"实际上,李秉勤当时也很犹豫。当时德国洪堡大学教授Lutz Leisering到伦敦政经访问,李秉勤趁便请他为译丛推荐德国学者的著作,并谈起自己的忧虑:太耽误时间,于个人学术发展也没有什么实质性意义。Lutz Leisering对她说,做学术翻译意义很重大,是为学术界提供重要的公共产品。"我耳朵根子软,一听人家说这个有很大贡献,就咬着牙干,所以这几本书的翻译加上校稿花去了好几年的时间。"说这些的时候,李秉勤咧嘴笑了起来,即便是隔着遥远的地理空间,在视频里也能感受到她的直率和爽朗。

历经曲折,2003年,"社会政策译丛"终得以面世。说起来,译丛的第一本《英国社会政策论文集》也是李秉勤利用工作的便利,请伦敦政经的同事霍华德·格伦内斯特(英国社会政策领域的重要人物)撰写的。格伦内斯特多年从事教学研究而且做过大量的政策咨询,其作品言简意赅,深入浅出,他后来也因此成为英国社会政策教材的撰写者之一。李秉勤希望通过其作品介绍英国社会政策方面的辩论和实践,为国内对社会政策研究有兴趣的读者提供一个轻松直观的切入点。安德森的《福利资本主义的三个世界》也被收入该译丛,于2010年出版,译者是苗正民和滕玉英。在翻译之初,李秉勤就这本书译出初稿,然后请苗正民、滕玉英在此基础上再进行翻译、修改。作为丛书主编,她再最后进行校稿和定稿。2022年,《福利资本主义的三个世界》被列入商务"汉译世界学术名著丛书",借这次"汉译名著"本出版的机会,李秉勤对之前的译本重新译校,修改其中不准确的说法,使之语言更加流畅,并结合现在通行的表达习惯做出调整。

这些年,福利制度类型研究启发其他学者的研究,这一领域得到了很大的拓展。如研究地域扩展到东亚国家和其他发展中国家,产生了发展型的福利、非正式福利制度等等。也有根据不同研究人群和领域的拓展,如增加对女性和家庭劳动的分析,进而发展到家庭政策领域。另外还有针对新政策模式的拓展,这种方法论也被用到新政策模式的引用中来。"这本书差不多是社会政策研究中最重要和被引用最多的文献,但它也受到不少批评。"李秉勤说,安德森的分类法已经被广泛应用于学术文献中,以比较和对比不同福利国家及其结果。然而,一些批评家认为这种分类法过于简化,忽略了社会福利体系的复杂性,没有考虑到每种福利国家类型内部的差异。安德森的模式受到追捧而且发展成为学术经典,并带动一大批年轻学者从各种角度对福利模式进行分类汇总。"当然,我们需要看到,他的作品之所以有如此重要的地位,也是因为他不拘泥于照搬前人的做法。对于年轻学者来说,社会政策可以有更多的切入方式,不但要学习经典,更要寻找自己的方向。"

对于中国社会政策研究来说,它促使中国年轻学者开始关注政策体系逻辑的连贯性和脉络的连续性问题。有的人爱说中国的社会政策是"拿来主义",取其精华去其糟粕,为我所用。如此一来,必然会存在来自不同政策逻辑的做法如何相融的问题。但是,从福利制度分类的视角来看,取什么、去什么其实也是经过这个国家政治文化的过滤的。只不过"拿来主义"的做法是在拿来之后通过中国的思维习惯、制度约束和实践经验来过滤。因此,值得更深入地研究中国社会政策领域的"拿来"和筛选、过滤的过程和结果。

从一本书,到一个译丛,到一个专业学科的推广和设立,其间经历了几十年的光阴和几代学者的努力。目前,中国的社会政策学科已经得到很大的发展，很多高校和研究机构都设有社会政策研究方向和课程专业。比如，最早有中国社科院成立社会政策研究中心，北师大成立社会政策与发展中心，南开大学2003年成立社会工作与社会政策系，南京大学、复旦大学、中山大学、中国人民大学……一长串的名单。在动手写这篇访谈稿之前，我在网上还搜到了以下信息：2021年，社会政策被教育部列入普通高等学校本科专业目录的新专业名单。

中国过去十几年的社会政策实践道路充满中国特色，这些特点不可能用既有的西方理论进行解释。但借鉴国外经验，对发展中国社会政策学科，是一条有助于避免走弯路的便捷之径。在此基础上，深入研究我国国情，建构中国的本土化理论，是中国社会政策学科的重要发展方向。这也是李秉勤和她的同行们的愿景所在。

（原载《中华读书报》2023年3月22日第7版）

李秉勤，澳大利亚新南威尔士大学社会政策研究中心教授。现任东亚社会政策研究网络主席。她主持过多期专刊并担任《城市治理》期刊副主编。她主编了商务印书馆的"社会政策译丛"。翻译的"汉译名著"作品为《福利资本主义的三个世界》。

29. 徐家玲：
以郭守田先生为榜样，甘当"垫脚石"

在儿子眼里，妈妈徐家玲永远有写不完的"作业"，平时工作到深夜，到了周末，仍然在家里的办公桌边一坐下去就是半天，忙起来没完。那时候，徐家玲四十多岁，儿子读小学，身为东北师大历史系副教授的她，一边忙着给研究生上课，一边跟随朱寰先生读博士，一边忙学术研究，同时还译（校）着书稿。

1978年，正是改革开放的第一年。那一年，教育部恢复研究生招生考试，在吉林省柳河一山沟小镇中学教书的徐家玲得知消息之后深感振奋，29岁的她想抓住这个机会奋力拼搏，寻求人生新的起点。她的这一想法，得到后来担任其硕士导师的郭守田先生和朱寰先生的鼓励和积极支持。当时，东北师大还是归属于吉林省的一所地方院校，称吉林师范大学，但不久之后，就直接划归教育部成为部属院校。由于中华人民共和国成立初期一批老一代世界史学者的艰苦付出，该校的世界史学科在国内学界一直处于领先地位。徐家玲亲炙的三位先生林志纯、郭守田和朱寰（后两者是徐家玲的直接导师，林先生是学科首座）都是中国世界古代中世纪史学科的奠基人和开拓者。1983年，在

徐家玲

林志纯先生的推荐和斡旋下，毕业留校工作的徐家玲成为改革开放后第一批前往希腊进修拜占庭史的学者，与南开大学的陈志强等人一起来到位于希腊历史名城萨洛尼卡的亚里士多德大学，开始为期两年的学习。

经过几十年的学术耕耘，她凭借《早期拜占庭和查士丁尼时代研究》《拜占庭文明》《世界三大宗教史纲》等学术著作奠定了在国内拜占庭研究领域不可或缺的地位。今天，74岁的徐家玲依然奋战在科研一线，每周给学生上课，指导硕士和博士。中国世界中世纪史学会副理事长、常务理事，第二十届巴黎国际拜占庭大会第一位参会的中国代表……这些学术身份，足以显示她与世界中世纪史及拜占庭学的深切渊源，以及她在这一专业领域所取得的学术成就和声望。

29. 徐家玲：以郭守田先生为榜样，甘当"垫脚石"

采访徐家玲的缘起，是因为她是商务印书馆"汉译世界学术名著丛书"中《拜占庭帝国史》和《中世纪晚期欧洲经济社会史》的译者。回溯与商务的渊源：最早始于1978年备考研究生时母亲送她的一本当时商务最新出版的《英汉辞典》（按当时的工资收入，这是比较奢侈的礼品），郭守田先生和朱寰先生帮她搜罗当时能找到的世界史研究方向的书籍和参考资料中，两册由林志纯先生和郭守田先生编著的《世界通史资料选编》（上古部分、中古部分）也是商务出版的。至今，这些一直都被她珍视为自己学术生涯中的"良伴"。后来，根据学习的需要，她又选购、收藏了许多学术方面的世界名著和一些工具书，其中多数是商务出版。和绝大多数学者一样，在成为商务的译者之前，徐家玲是商务的忠实读者。

在同时代的学者中，徐家玲的外语基础算得上是很好的那种。青少年时期，她就读的是吉林省第一所在上世纪60年代开授英语课程的重点中学吉林省实验中学，正是凭借这一优势，在经历了"文革"和"上山下乡"的曲折后，她于1978年顺利考上了东北师大的研究生，并选择了世界史作为终身学术志业。由于林志纯先生特别注重对世界史人才的培养，重视学生的外语学习，为此，研二时，学习中古史的徐家玲和同班几个学习上古史的同学被安排和外语系大三的本科生一起学习并参加考试。也是在这一时期，郭守田先生应商务之邀修订《世界通史资料选编》（中古部分）时，让她参与翻译其中的几个条目。时隔四十多年，徐家玲早已不记得当年翻译的具体内容，但记忆深刻的是自己的译稿被导师改得满纸通红,特别不好意思。但令她惊喜的是,《世界通史资料选编》(中古部分)修订版出版时,相关的条目后面竟然署上了自己的名字,由此,她"升级"成了商务的译者。

1982年,东北师大历史系举办中世纪史研修班,担任助教的徐家玲,结识了来自四川大学、武汉大学、南开大学、华南师大等一批全国名牌院校的77级历史学人,他们中间有后来成为这一领域知名学者的陈志强(南开大学)、潘绥铭(中国人民大学)、孙锦泉(四川大学)等。"当时意气风发的年轻人,觉得自己能做些什么,也能做成什么,于是我们讨论、决议,要合作翻译著名西方中世纪史学家汤普逊的《中世纪晚期欧洲经济社会史》。"有了之前参与《世界通史资料选编》(中古部分)修订版的初试牛刀,到这本《中世纪晚期欧洲经济社会史》时,徐家玲不但是其中部分章节的译者,还担纲全书的主校和统稿工作。

1992年,因郭守田先生的引荐,《中世纪晚期欧洲经济社会史》在商务出版。算下来,这本书从策划到翻译、校订、成稿、出版,前后经历了近10年。这期间,徐家玲付出了很多,虽然有郭守田和朱寰两位导师支持,但毕竟是第一次译书,还得协调参译者和出版社的关系,需要最后校对全书并付诸出版,她感觉压力山大。即使在希腊访学期间全力投入希腊语学习和拜占庭史的研究时,她念兹在兹的仍然是如何尽快完成对"汤书"译稿的最终审订,不负商务师长的期待。

从希腊回来后,徐家玲开始了全面审订"汤书"的艰难时光。那两年里,她几乎没写过什么文章。"不知道的,会以为我怠惰,但我知道,自己不负时光,在做一件有意义的事。"1988年,怀着七个月身孕的徐家玲从长春坐火车到北京,将译稿送交商务,编辑看她这情形,心有不忍,说你挺着个大肚子大老远过来,真不容易。但付出的努力没有白费,出版四年后,《中世纪晚期欧洲经济社会史》被纳入"汉译名著"丛书。有一次,一位从事中世纪史晚期研究的学者诚恳地对她说:"徐大姐主译的这本书,是被我们当作《圣经》来读的。"这让她感到,当年他们这群人做了一件有重大意义的事情,无愧于师长和学界。

十年辛苦不寻常,而徐家玲的另一本译著《拜占庭帝国史》,从策划、翻译到正式出版,则经历了三十余年的光阴。最早读到瓦西列夫的《拜占庭帝国史》,是在研究生学习期间,第一个寒假,郭先生给她的假期研修任务就是翻译该书的第一章"拜占庭历史研究的回顾"(后来刊发在当时中世纪史学会的内部交流会刊《中世纪史研究通讯》第一期),从此奠定了她研究拜占庭文明的基础。在希腊访学期间,亚里士多德大学文学院安排了国际拜占庭学的著名学者卡拉扬诺布鲁斯(I. Karayannopulos)教授作为第一批来希腊研修的中国学者的研修导师。卡拉扬诺布鲁斯给他们开出的第一批阅读书目中,有两本非常重要:一是奥斯特洛戈尔斯基的《拜占庭国家史》(后来由陈志强翻译,2006年青海人民出版社出版),另一本即是瓦西列夫的《拜占庭帝国史》。在希腊学习的两年里,徐家玲初步完成了《拜占庭帝国史》的翻译,但限于当时的外语水平,加上一些生僻的专有名词和人名、地名,以及对书中涉及的历史时代和历史事件及其背景不太清楚,她仔细研读的同时做了厚厚的一本笔记,并将这些问题标注在译稿上。"20世纪80年代我国改革开放初期,学术研究和教育领域百废待兴,从事世界史研究的中国学者,苦于研究资料欠缺,常常把出国进修视为获取最珍贵史料的最佳途径。就拜占庭研究而言,中华人民共和国成立40年,只有苏联学者列夫臣柯的一部《拜占庭》(1956、1960年版)译著,相关资料和论文则是少之又少。"考虑到当时的时代背景和现实需要,徐家玲萌生了将这本书的译稿整理修订、争取在国内出版的想法。

"对我国世界史学者而言,不仅需要更多地引进西方学术界的原典作品(限于经费,这一目标要经历很长的时段才能实现),更应该积极地有选择性地翻译一些经典作品,为更多青年学者和高校教师从事研究做一些奠基工作。"在2019年商务出版的《拜占庭帝国史》"译后记"里,徐家玲自陈心曲:在那个时代,有机会作为第一批中国学者赴希腊研修拜占庭史,是自己的"宿命",而有机会将这部重要学术著作译出来,介绍给中国学界同仁,则是"宿命"中的"使命"。而于个人而言,她将这本书的翻译看作自己学术之路的起点。

作为一本引导人们从多方面深入研讨拜占庭全史的经典之作,《拜占庭帝国史》出版当年即荣列该年度"商务十大好书",获得学界和读者的高度赞誉,并于2020年收入"汉译世界学术名著丛书"。一本译著能经住时间的考验和沉淀,得到读者的认可和追捧,除了原著本身的经典性,就是译者对译稿精打细磨的功夫。那些年里,徐家玲除了各种科研和教学工作压力,还得承担各方面的新的、紧急的任务,加上译稿中之前遗留的未能解决的问题,需要更多的知识储备和更宽广的视野;书中各种语言如拉丁、希腊、法、德、意、俄、塞尔维亚、保加利亚等语种所涉及的注释,以及参考文献名称的汉译和理解方面的困难,对于译名、专有名词的选择使用和全书的译名统一……诸如此类的棘手问题,都大大延迟了出版进度。令她感念不已的是出版方商务对她的宽容和尊重。几十年间,译稿经历了手抄稿到打字稿,再到电脑书写稿的不同阶段,且由于翻译工作历时太长,图书出版印刷规则几经调整,人名地名翻译又有新的统一规范,以至于整个书稿不得不进行多次全面通校,前后历经三任责任编辑(于殿利、王明毅、杜廷广)。

"有的出版社为了抢先机,抓版权,紧赶慢赶,不是很注重出书的质量问题。商务的出版理念很好,质量第一,对作(译)者不限制时间,尊重学者的创新。"这也让徐家玲颇有信心:自己的几本译著拿出去,小毛病还是有,但"不敢有欺世盗名、贻害后人的大问题"。她始终记着郭守田先生常说的那句话:"翻译是良心活,我们要对得起学生,对得起读者,对得起后人。"有人说翻译不值得,耽误事儿,钱又少,何苦?但对于徐家玲来说,几十年来兢兢业业地投身学术翻译,既是受到恩师郭守田的影响,也是为了给自己一个交代。"郭老师经常说,我都这么大岁数了,我还能做多少?希望在你们身上,你们得积极努力,往前走。需要什么我就给你们往上推。"一直以来,郭先生这种甘当"垫脚石"的精神激励着她,也成为她学术生涯中固守的座右铭,"我也得给后边的人留点什么,做学生的垫脚石"。

如今,东北师大世界古代中世纪史学科已培养出许多全国知名的优秀学者（其中拜占庭学专业硕士博士学位的有几十人），他们像春天的花籽儿一般，撒向全国众多的高校，开花结果，成为世界史教学和研究、翻译和出版业的新生力量，为这一学科的繁荣发展贡献新的力量。

（原载《中华读书报》2023年4月12日第7版）

徐家玲，历史学博士，东北师范大学历史文化学院教授，博士生导师。致力于拜占庭史研究，为国际知名拜占庭学者。国家社科基金评审与成果鉴定专家，国内多个重要学术期刊审稿专家。出版《拜占庭大通史》（第一卷主编）、《早期拜占庭和查士丁尼时代研究》《拜占庭文明》等学术著作。翻译的"汉译名著"作品有《中世纪晚期欧洲经济社会史》和《拜占庭帝国史》。

30. 廖申白：
会通中希伦理学思想的源头活水

"这段时间,我一直忙着修订《尼各马可伦理学》的工作。"暮春的一个下午,在廖家客厅刚一坐下,廖申白就直奔我此行采访的主题。2003年,他翻译的亚里士多德《尼各马可伦理学》在商务印书馆出版,直接收入"汉译世界学术名著丛书",迄今已重印十余次。上世纪80年代中期,廖申白在中国人民大学师从罗国杰读伦理学研究生,这期间,他和同学何怀宏一起翻译了德国哲学家包尔生的《伦理学体系》。后来又与何怀宏、何宝钢合译了罗尔斯的《正义论》。90年代初期,他又译出了英国道德哲学家西季威克的《伦理学方法》。上述三书最初均被收入中国社会科学出版社"外国伦理学名著译丛",其中《伦理学体系》与《伦理学方法》被列入商务"汉译世界学术名著"系列。

对廖申白而言,参与翻译《正义论》(承担第3编"论善")是他学术生涯中一段重要的经历。"罗尔斯说从社会的基本结构设计着眼,在伦理学上要坚持'正当'优先于'善'。但是,在一个基本结构是如此设计并基本健康运行的社会里,一个人真正好的生活是怎样的?柏拉图和亚里士多德谈到的'有德性的

廖申白

人'和孔子谈到的'成人''君子'在我脑子里挥之不去,总要浮现出来。我需要理解'正当'与我们作为一个人的整体生活的'善',而不仅仅是与一个行动的后果、效用的关系。"1990年,在中国社科院哲学所工作的廖申白有机会到哈佛大学访学。在哈佛,他听的第一门课就是罗尔斯的"公平的正义再陈述"。那个学期,在罗尔斯的办公室里,他和这位20世纪下半叶英语世界最著名的政治哲学家进行了三次谈话,寻求解答心中的一些哲学困惑。第一次去的时候,他还给罗尔斯带去了《正义论》中译本,虽然罗尔斯不懂中文,但很高兴。

对于廖申白的问题,罗尔斯做了很好的解答,使他明白:关于正义的观点,如果离开关于人的"善"的综合的观念将是单薄的。一个人可以依照这种单薄的正义观生活,但那种生活不丰满。而如果要把它包含于一种"综合性"的观点之内,我们就要费心地去选择和理解一种看来最有道理的观点。"罗尔斯当然不否认我们会有这种需要。一个人如果仅就背景制度的正义来理解罗尔斯的正义论,并把这种正义论理解为好的生活本身,将是空洞和肤浅的,就像一个没有建筑物的基础空白无物,一个没有丰富文化产物的'平台'自身也是苍白贫乏的。在这个基础或'平台'上,按照亚里士多德,也按照罗尔斯,我们可能还会需要对于一个人的好生活的概要的说明,但它的丰富内容则要我们每个人在自己一生的生活中去填充细节,因为时间是最好的帮助者。"

罗尔斯的"公平的正义"理论是一个非常精致系统的体系。在这个体系的构建中,西季威克的影响很重要。罗尔斯很重视西季威克,其哲学方法中的"反思的平衡"即源自西季威克。平衡的一个方面是伦理学的理论。而"另一个方面,当然就是所谓直觉的即常识的道德。罗尔斯说这里有一些信念被看作根深蒂固的,这是必须要平衡的一个方面"。在伦理学领域,《正义论》是一部特别重要的著作,廖申白由此对西季威克萌生了兴趣,想要"搞搞清楚",于是他找来《伦理学方法》认真阅读。加上中国社科院哲学所伦理学研究室主任陈瑛鼓励他要好好研究伦理学,后来他干脆把这本"19世纪末以来影响最大的道德哲学著作之一"的《伦理学方法》翻译出来了。

正是由于罗尔斯的启发,廖申白做了一个决定:做伦理学一定要回到比"正当"概念更根本的,即我们作为人的"善"(用亚里士多德的话叫作"能实现的善")上面来。"我要想得更清楚一点,再来思考正义概念,比如亚里士多德的正义概念,罗尔斯的正义概念。"为此,他必须首先要从哲学上,也从伦理学上(既然它是理解我们作为人的"好生活"的最重要的哲学分支),认真思考"人"和"人的好生活"的意义,思考在政治生活中"正义"德性的含义;要回到本原上,像理解中国人关于"做人""成为一个人"、关于"君子""成人"那样的好生活的文化观念与伦理学思想那样,理解西方人关于人自身的善,关于这种善与德性不可分离的文化观念与伦理学思想。也许,以某种方式会通这两个思想本原,能达到对于人生最重大的问题的理解。为此,他必须读希腊,必须至少选择一位希腊哲学家,深入地思考,努力达到澄明的理解。

廖申白选择了亚里士多德。读文本,第一步是学习古希腊语。1992年,他辗转通过友人获得了一本苗力田先生授课用的希腊语教程复印本,开始自学。所幸在90年代初,苗力田先生翻译的《尼各马科伦理学》出版了。从那时起,他慢慢对照苗力田的《尼各马科伦理学》,借助一些希腊语的语法教材和词典,尝试理解亚里士多德的希腊语表达方式的一些特点。经过初步学习,廖申白决定跟随哲学所的王树人先生读外国哲学博士,做亚里士多德的友爱论研究。于他而言,他必须借助初步学习的希腊语知识,对照英译本与苗先生的译本去读《尼各马可伦理学》,才有希望达到某种程度的理解。这对于46岁的他无疑是一个巨大的挑战。"但我必须接受它,并把它当作学习希腊语的一次'实习'。"

1999年,应王树人先生邀请,苗力田先生和周辅成先生两位亚里士多德学研究前辈来参加廖申白博士论文答辩,苗力田先生担任答辩委员会主席。让廖申白毕生难忘的是，那次代表导师王树人去邀请苗力田先生主持论文答辩的经历：在苗力田的书房里，在苗先生欣然接受邀请之后，他斗胆向苗先生提出想详细译注《尼各马可伦理学》的想法，没想到竟得到了苗先生非常热情的支持和鼓励。苗先生对他说："我们中国的传统就是通过译注与诠释来做学问，阐发思想，亚里士多德的《形而上学》《尼各马可伦理学》这样的著作应该有详细深入的中文译注本。我的译本虽然做了一些（译注），但是很不够，现在想做也没精力了。你好好地做，希望能做好。"

《尼各马可伦理学》是古希腊以来西方近两千五百年学术史上最重要的一部伦理学著作，要做好其译注工作，需要具备精深的语言及专业功夫。1968年，18岁的廖申白离家奔赴黑龙江生产兵团务农十年，回京后又遭遇28周岁不能参加高考的政策规定，最后经招工考试和街道知青办推荐，才得以进入北京图书馆（现国家图书馆）从事西文书籍编目工作。34岁那年，廖申白考入中国人民大学哲学系读研究生。"从学已太晚，不得不奋力追赶。"虽然在兵团那些年，怀着对哲学朦胧的好奇，他也零星读过几本随身带去的哲学著作，如列宁《黑格尔〈逻辑学〉笔记》《唯物主义与经验批判主义》、普列汉诺夫《论一元论历史观的发展》和艾思奇《辩证唯物主义与历史唯物主义》等，但都只是在"盲目地摸索"。他自谓其大学是"自己教自己""学养浅""无系统"。因为这些特殊的时代及个人原因，尽管有苗力田先生的译本做样板，有严群先生的阐释做参照，预先也有充分的心理准备，但着手后，译注工作还是遭遇到许许多多的障碍与困难。

"困难多得说不过来。"廖申白说,其中最主要的困难之一是确定一些基本术语的中文译名。廖申白采用的是莱克汉姆(H. Rackham)勘校并译注的1926年Loeb版文本,同时他也对照拜沃特(I. Bywater)本与格兰特(A. Grant)本。同时,他手边一直摆着罗斯(W. D. Ross)、韦尔登(J. E. C. Welldon)、莱克汉姆、奥斯特沃尔特(M. Ostwald)、汤姆森(J. A. K. Thomson)等多种英译本,后来又加上了埃尔文(T. Irwin)和克里斯普(R. Crisp)等译本。每读一句希腊语文本,在弄清文句的基本意思之后,他都要逐本阅读各个英译本的相关句子。廖申白很快发现,对一些基本术语的英译,不同英译者处理的方式很不相同。同一位译者的翻译,也会因为希腊词语的形式的不同而有很大变化。因为,作为拼音文字,希腊语语词极富变化,不仅有性数格变化,而且又叠加上名词到形容词、到副词,动词到不定式、到分词的变化,非常复杂。西方学者都有希腊语、拉丁语功夫,他们使用不同语词来翻译,彼此都看得懂。但中文读者看到不同的英文词汇,就如坠雾海,无法分辨。

"哲学是用语词来表达思想的,不了解语词上的联系,思想、思考上的联系就摸索不到。但译注工作又要让中文读者对此有所了解,才能对读者理解文本表达的思想有所帮助。"他举例说,"ηθικη"在英语中有人译成"ethical"[伦理(习性)的],更多人依据从罗马以来的拉丁语言表达传统译作"moral"(道德的)。在2003年译本中,廖申白从多数中文读者的既有习惯考虑,译作"道德的",相联系的德性译作"道德德性"。但这一次修订时，他将"ἠθικἠ"改译作"伦理的"，以便与来源于希腊的"伦理学"衔接。

在翻译了最初的第一、第二卷之后，2000年廖申白有机会去牛津圣安娜学院向克里斯普请教。后者是知名的亚里士多德伦理学研究者，恰好在那一年出版了《尼各马可伦理学》英译本。在他的帮助下，廖申白在牛津的三个月中将《尼各马可伦理学》的译注工作从第三卷推进到第六卷。另外，2001年到北师大工作以后，他有机会听了希腊学者Siglas的希腊语课程，以后又听了奥地利学者雷立柏的希腊语课程。这番学习的经历使得他在使用希腊语进行文本研究和与学生共同研读《尼各马可伦理学》文本方面取得了很大进步。

从2005年开始，廖申白结合教学，和陆续来攻读伦理学的部分学生以Loeb版文本为原始依据，兼参Bywater本，对照能够找到的各种英译本，后来又兼及一两种德文译本，逐句阅读《尼各马可伦理学》。这一工作按照计划从第一卷一直进行到2012年夏天读完第三卷第五章为止。"这项活动帮助我看到了2003年商务版的一些问题与错误。随手做下的笔记对于我2016年以后整理《尼各马可伦理学I—III5》希英中对照译注本帮助非常大。"目前，三语译注本已交付商务。这个译注本除三语种对照的文本外，还包括语言注释与内容注释。此外，这项工作又促使他在2003年商务版《尼各马可伦理学》出版20周年之际完成对该版的修订工作。

时光荏苒，从中年读研，到其后一系列的翻译、教学与研究，廖申白的学术生涯始终以伦理学为重心。在哲学所工作期间，罗尔斯的《正义论》对他的影响最大,那个时期,他为自己定下的方向是通过做罗尔斯伦理学的研究来阐述义务论伦理学。在北师大工作期间,阅读并讲授亚里士多德的《尼各马可伦理学》则影响了他对哲学和伦理学的整个思考。"对我来说,如果要寻求对人生最重大的问题的一种好的解答的话,还是所谓德性论这样的一种伦理学更重要。因为,中西方严肃的伦理学都是把德性当作人的一种真实可能性,当作真正与人自身的好的生活具有真实联系的品性来谈的。在这方面,中西方伦理学具有本原上的可相互理解性。"

因此,在廖申白看来,以这样的伦理学(而非以责任论或者义务论),希腊和中国的思想和文化才能求得在本原上会通并会通得更充分。"过去人们认为康德伦理学与孔子、与儒家思想联系最多,这种看法正在改变。因为我们越来越看到,你越深入亚里士多德的伦理学,你就会越多地看到这样的联系,当然也就越清楚地看到有哪些不同以及为什么不同;但重要的是那些联系与可相互理解的东西一定会变得更重要。"

(原载《中华读书报》2023年5月3日第7版)

廖申白,北京师范大学哲学学院教授。翻译的"汉译名著"作品有《尼各马可伦理学》《伦理学方法》和《伦理学体系》(与何怀宏合译)。

31. 邵宏：
我们要对重译有一个开放愉快的心态

从上世纪80年代初发表翻译处女作弗洛伊德"诗人与昼梦的关系"（《湖北美术通讯》1982年第5期）至今，40余年里，邵宏除了以《美术史的观念》《衍义的"气韵"：中国画论的观念史研究》《设计的艺术史语境》《东西美术互释考》等著作奠定其艺术史研究者的身份外，还翻译了《文艺复兴时期的思想与艺术》《论艺术与鉴赏》《风格问题：装饰历史的基础》《艺术批评史》《视觉艺术中的意义》等一系列西方艺术史上的经典著作。其中，《艺术批评史》和《视觉艺术中的意义》近几年先后被收入商务印书馆"汉译世界学术名著丛书"，成为这一经典系列中新增"艺术类"成员。

"我译的这两本'汉译名著'，之前都有人译过。"因为这个缘故，对我采访提纲中关于重译的话题，他感触尤深。《艺术批评史》第一个中译本译者是邵宏的硕士导师迟轲（迟译本书名为《西方艺术批评史》，江苏教育出版社2005年出版），而《视觉艺术中的意义》此前的译者是曾任《中国日报》高级英文编辑的傅志强（傅译本收入"美学译文丛书"，是该丛书中唯一一

邵宏

本由个人独立完成的译作)。"有千年的著作,没有千年的译作。"由于不同时代的文风变化,对经典的理解会随着学术的发展有所深入和变化,因此,同一部著作在不同时代产生不同的译本,是情理中事。这也正是邵宏重译《艺术批评史》的因由。在邵宏看来,出生于上世纪20年代的迟轲,其汉语训练和自己这代人不同,比如迟译《艺术批评史》中,将"idealism"译成唯心主义,而"idealism"对应的只能是"materialism",而在作者文杜里那儿,与"idealism"相对的却是"naturalism"。如果将"naturalism"译成自然主义,则"idealism"应该译成理想主义。"像这一类问题,老一辈都会遇到,估计以后下一辈译者推翻我的翻译时,也会遇到这样的问题。"邵宏说,这样的时候,就要求译者要尽量地还原到作者那个时代的词汇形态和观念形态,才不会出现太大的错误。即使有,也只是一些汉语表达过时的问题。此外,迟轲将《艺术批评史》译成《西方艺术批评史》,

明明是"艺术批评史",翻译时不能随便加字,文杜里虽然在书里没有介绍中国的艺术理论,但在导论里却专门提到了喜龙仁的《中国画论》。

"重译非常重要!为什么?因为译者都会犯错,比如时代语境没对上,一般的译者要想有这种感觉不容易,需要训练很长时间。第二,没有相关的专业背景。"迟轲是美术专业出身,所以《艺术批评史》翻译中基本没有专业术语的错误,而这恰恰是傅译《视觉艺术中的意义》中最大的问题。针对这个问题,邵宏在几次接受媒体采访谈到艺术史翻译时呼吁:希望专业人员(专家)能够抽出时间来从事学术翻译工作。"因为语言上的问题不麻烦,麻烦的是专业问题。"

梳理中国近代以来的学术翻译,邵宏认为最好的时期是在20世纪90年代以前,在汉语世界中几乎达到了最高水平,甚至超过了日本。"商务的'汉译名著'系列都是由专业人员翻译,这个传统是从日本传过来的。但美术史在上世纪80年代以前也是这样子的。80年代以后,慢慢地就有一些外语专业的人来做(翻译)。"邵宏说,翻译界有个现象,那就是,只要是多人参与翻译的书,一定会出现各种各样的问题。在他眼里,这是翻译界的"大忌"。这也从另外一个角度说明了,为什么这些年里翻译了那么多书,却没有几本能够留存下来。

但好在这些年在中国美院教授范景中的引导下,慢慢地有一些专业研究者加入这个队伍。邵宏认为,翻译训练对每个人都非常必要,尤其是专业学习者。早在80年代师从迟轲读硕士时期,他便在导师的指导下,完成了四十多万字的美术史材料的汉译（后结集为迟轲主编的《西方美术理论文选》，1993年由四川美术出版社出版）。随后他又翻译了贡布里希的"为多元论辩护"，发表在《美术思潮》（1986年第3期）上。这篇译文引起了范景中的注意，从此邵宏加入其翻译团队的事业，后来还拜在范景中门下，读了艺术史专业的博士。邵宏将迟轲视为自己走上翻译道路的带路人，而在平时的翻译实践中，他有一个习惯（同时也是给自己压力），那就是喜欢把读到的优秀汉译（如迟轲的译作、吴甲丰译《印象画派史》、范景中译《艺术的故事》等）拿来和原著一句句地对照，学习其中比较麻烦难以处理的地方，看看中文译者是如何表达的。这个过程中他学到很多翻译的知识，自然也会发现译者犯的错。说这些的时候，邵宏特别强调，没有人不犯错，相比起来，优秀的人只会犯一些小错。而这个学习、对照的过程成为他翻译的起点，遇到类似的问题他会更加警惕，避免掉进翻译的"陷阱"。

也是在这一时期，邵宏意识到译者的相关专业知识有助于对专业文本的理解，偶尔也会写些这方面的文章。其中，在"文化'陷阱'小议"（《中国翻译》1988年第2期）里提到：《汉英词典》里"壁画"词条"敦煌壁画the Dunhuang frescoes"是错的，应改为"Dunhuang murals"。他的这一建议后来被《汉英词典》吸纳，在修订版中做了修改。这也让他深深地领会到《牛津英语词典》主编约翰逊博士（Dr. Johnson）的名言：再差的词典总比没有强，再好的词典也不可能没有错误。译著也是一样的道理，有总比没有要好，最好的译本也会出错。所以，在重译《视觉艺术中的意义》时，他也会经常对照傅译本，对这位前辈译者心怀敬畏。"在那个时代一个人能把这本书啃下来,非常不容易。"邵宏说,绝不能因为后面有了新译本而把前面的译本说得一钱不值。我们要对被人改译、重译有一个开放、愉快的心态,至少说明你这本书选得好,还有人在意。

年轻时精力旺盛,邵宏一天能翻译六七千字,但随着年岁增长,精力、视力大不如前。现在,他每天给自己的任务是翻译两三百字,好在出版方也不催他,他可以慢慢来。他自谓翻译得慢是因为要追问每个词背后的文化,比如翻译"antique music","古代"指什么?一定要具体到希腊音乐,如果再追问下去就是毕达哥拉斯全音,不能含糊。他以韦卓民为参照,韦氏一生虽然写了很多著作,但后人只记得他翻译的康德著作。"我觉得如果能奉献一两本好的译本,会比自己写五本书还厉害。"于他而言,是把翻译当成一种趣味,甚至是一项公益事业。"但不能要求所有人这样",因为在中国,翻译的稿费很低。"我每天大概赚20块钱左右,买份盒饭都不够,但翻译对我来说,就是找个好玩的事情做做,觉得挺愉快不就完了吗?!绝大多数人在一生中也做不出什么伟大的事业,好玩你做就完了。像我喜欢翻译,只能搞这个老来还可以玩的东西。"此外,他的体会是,到了一定的年龄,只有通过翻译才能继续阅读。年龄越大,翻译和阅读也越丰富,翻译的体验也不一样。

邵宏生活在广州,那天的采访我们只能借助视频进行。中间因为几次语音突然变低,他只得拿起手机凑近嘴巴来说话,谈得兴起时,他的语速加快,音量提得很高,整个人在客厅里无意识地来回走动。即使在电脑上小小的对话框里,也能感受到他对自己从事的艺术史专业的热爱和激情。的确,邵宏热爱翻译,在早年便显示出了对专业语汇的敏感。1971年7月,13岁的邵宏考进湖北省汉剧团学戏,四年后调入位于昙华林(华中村)的湖北省美术院学书画装裱,对国画、油画、版画、雕塑、设计等专业及其相关术语也有一些接触和了解。当时,湖北省美术院隶属湖北省文联,每到开大会时,他有机会遇到徐迟、碧野、姚雪垠等这些作家,少年邵宏在心里油然升起对文化人的崇敬之情。华中村是华中师大教师住宅区,能人云集,邵宏后来学翻译时的老师李定坤即住在这里。当时湖北省人民广播电台有广播英语,他跟着广播从字母开始学起。之后湖北成立直属机关业余大学,他进入那里的英语系学习。1981年他在业余大学读书时的第一个基础英语老师是蒋介石的义女吴驯叔。她每天提前15分钟守在教室门口,纠正学生们的发音。在邵宏的回忆里,那是他人生中最愉快的一段时光。

2014年,邵宏经由广州美院的黄专结识商务(上海分馆)编辑鲍静静,其时商务刚刚开始涉足艺术史的译介工作。此后,由范景中(主编)、邵宏(副主编)组织的"艺术史名著译丛"便一直在商务持续推出,译丛精选瓦尔堡、潘诺夫斯基、贡布里希、哈斯克尔、弗里德伦德尔、扎克斯尔、温德、库尔茨等世界一流艺术史家的西方艺术史学研究的经典论著约50种,系统介绍西方艺术史和艺术史学。邵宏入选"汉译世界学术名著丛书"的《艺术批评史》和《视觉艺术中的意义》即出自该系列。回顾中国艺术史学的译介历程:上世纪初滕固等中国艺术史学的开拓者开始将西方艺术史译介到中国;80年代中期,范景中和一大批青年学者开始系统翻译西方艺术史学的学术工程,对中国艺术史学产生了持久深入的影响,为人文学科的发展提供了丰富的思想和学术资源。而"艺术史名著译丛"可谓这一学术工程的延续和发展。

对于中国艺术史学科发展来说,经由这些年比较集中的译介引进,成效显著。"这方面我们得向范景中老师致敬。"在邵宏看来,今天,在国际上,中国学者可以与西方学者直接对话,无论是学科规范、学科共享语言,还是所使用的材料等方面完全一样。而在做研究出成果的水准上面,中国甚至要胜过西方。"因为我们对于西方现当代研究状态的了解,大大超过西方对于中国的了解,而且我们还能够从中对他们提出很多的疑问,因为我们教西方美术,中国的外国的都涉猎,有一个比较的眼光和视野。"

在我问到中国艺术史学科发展现状的问题时,邵宏毫不犹豫地回答:"非常好!"这简短的三个字后面,其实是一大批中国艺术史学者辛勤耕耘的结果,也喻示了这一学科领域薪火相传的学术历程。

(原载《中华读书报》2023年5月17日第7版)

邵宏,比较文艺学博士、艺术史博士,广州美术学院艺术史教授。翻译的"汉译名著"作品有《艺术批评史》和《视觉艺术中的意义》。

32. 一篇未完成的采访稿
——纪念任允正先生

任允正先生走了。这个消息是昨天（2024年3月26日）从商务印书馆一位编辑那儿听到的。商务印书馆计划清明节做一期纪念上一年过世的作译者专号，问我当时采访任先生时有没有拍照片。我赶紧翻找电脑里之前从手机里转过来的图片，无果，又迅速找到和老先生的微信聊天记录，在2022年4月20日中午时分，应该是我采访老先生结束后，给他发去了几张那天我为他拍摄的照片，但是因为时间太久，这些照片一点开显示为"已被清理"，现在能看到的只有对话框里的小图了。

这些年，每每听到某位曾经有过工作交集的老先生去世的消息，心底难免会有忧伤惆怅之感，但想到人之生老病死乃自然铁律，心中也就渐渐释然。但任先生的离去依然令我震动，一时之间很难相信那么健硕的老先生就这样离开了这个世界。2019年8月，我开始着手"汉译世界学术名著丛书"译者的系列访谈工作。任允正和马骧聪、韩延龙合译的巴枯宁《国家制度和无政府状态》是该系列的其中一本。我联系采访的时候，从商务获知，韩延龙已过世（1934—2017），1934年出生的马骧聪身体不好，几年前就住进了养老院。三位译者中自然就选择了任先生。通过商务提供的联系电话,我很快加上了老先生的微信,表达了我的采访意愿,并发去采访提纲和几篇之前刊发的这一系列访谈的公号推送链接。很快我收到老先生的回复:"你好!发来的帖子我都看了,很受启发,期待和你交流。巴枯宁一书出版至今已四十多年,过去时间太长了,我尽可能回忆吧。明天(19日)以后哪天都可以,我家离你单位不远,沙滩北街东高房胡同甲2号,到后给我电话,我下楼去接你。日期时间你定吧。"

任允正

2022年4月20日上午10点,我如约前往,怕我找不到,任先生特地到法学所大门口接我。沿着法学所门前的沙滩北街走十几米左拐到东高房胡同,甲2号这幢曾经是法学所图书馆的灰色大楼如今是法学所一些老先生的住所。1935年,由梁思成、林徽因设计的这两栋大楼初为北大地质馆,其后不久,又成为北大地质系的教学场所。我在老先生的引领下来到他二楼的家中。宽敞的楼阶,屋内红色的木地板和木质三开大窗户,以及一对布面单人沙发,菱形的白色镂空沙发巾,无处不散发着上世纪三四十年代特有的历史气息。对于这次的采访,任先生显然做了充分的准备,当我们进入正题,他手上拿着几张写满密密麻麻文字的文稿,不时地看一眼再继续往下说。

但实际上,对于我此次采访的核心,即关于巴枯宁这本书的翻译,以及他对于这本书的一些理解、思考等等,老先生谈得并不深入,究其原因,我推测一是多人合译,再就是他本人对这本书所涉及的领域没有深入的研究。这也是我后来没有完成这篇采访稿的主要原因。但他提及在翻译过程中,他得到一位学者的帮助,后来经我牵线,他和这位学者在几十年后第一次取得联系,最终确认当年的帮助为一桩"乌龙事件"。虽然这件事情不大,却不失为当代学术翻译史上一桩掌故,而在这一过程中,亦可见出那个年代学者间交往的简单和纯粹,今日思之,尤其令人神往。

1933年1月,任允正先生出生于江苏无锡,中学读的无锡名校辅仁中学,同学中有钱锺书的堂弟钱锺泰。此外,曾担任中宣部部长的王忍之,中华全国总工会前副主席、书记处书记蔡振华等都出自该校。任允正说自己那时候属于追求进步的青少年,平时爱读鲁迅、朱自清、冰心这些作家的作品。但"数理化很烂,记忆力比较强,对文科有些兴趣"。因此1952年考大学时,他选择报考了东北人民大学(吉林大学前身)的法律系。9月份上大学时,任允正先是从无锡转车到上海,再和一些上海学生一起坐火车去东北。比起同行那些哭哭啼啼的上海学生,任允正对自己的表现很满意。"我中学就参加党组织了,活动能力比较强。"他说,解放初那个时候,中学生就很了不起,跟秀才似的。江南那些地方的人,乡土观念比较重,不愿意往外走。上海那些孩子都很精明,学习很好,很多同学上了名牌大学后还是选择回到家乡。

但任允正是个例外。他从江南的鱼米之乡考到东北的黑土地,再从长春去了更遥远的俄罗斯。得益于中华人民共和国成立初期的中苏友好大环境,尤其是当时在法学教育与法制建设领域,"旧法"业已废除,"新法"亟须建立,在轰轰烈烈的"求法苏联"运动中,任允正于1954年被选派到莫斯科大学学习法律。据任允正回忆,他那届东北人民大学法律系学生中,初选了7名,但最终只有任允正一人被选上,和该校其他专业的另外6名学生一起赴苏学习。他印象很深的是,当时还到沈阳参加了考试,其中一项是写作文,题目是谈自己喜欢的一本书的阅读体会。任允正谈的是《钢铁是怎样炼成的》。

《国家制度和无政府状态》的三位译者,当年都是留苏学生,马骧聪和韩延龙在列宁格勒大学。任允正说,那几年去莫斯科大学的人比较多,比如早他两年留苏的江平后来也从喀山大学转到了莫斯科大学。1959年,任允正学成归国,进入成立刚一年的中国科学院法学研究所(隶属于当时的中国科学院哲学社会科学部)工作。因为时间久远,具体是哪年接手翻译《国家制度和无政府状态》,任允正已经记不清了,只记得大概是上世纪70年代,商务印书馆编辑骆静兰拿着"汉译世界学术名著丛书"书单,来法学所找到任允正和马骧聪,希望他们从中挑选自己能够胜任的学术名著来翻译。考虑到对苏联东欧的情况比较熟悉,他们选了巴枯宁的这本政治学名著。因为手头的工作忙,后来任允正和马骧聪又拉上法学所另一位同事韩延龙,三人分担翻译任务。最终该书作为内部发行本于1982年推出,2013年被收入"汉译世界学术名著"系列,2020年又出版了"汉译"系列分科本纪念版。

"翻译过程中他们俩有什么样的感受我不知道,我自己认为这本书不好啃。我的法律历史知识不够,比如历史上德国的很多情况,他们跟马克思论战的情况,没有相关的历史背景知识,翻译起来挺费劲。其实,我这辈子译著有很多本,译文加起来有四五百万字,但这些内容都是熟门熟路的,翻译起来比较容易。"在翻译巴枯宁这本书上,任允正花了不少精力。"但是我要么不干,既然接了这个工作就得认认真真地干,否则对不起读者。"任允正举例说,当时书中有个蒙古国城市的地名在辞典里查不出来,不知道该如何翻译。他跑了很多图书馆,后来终于在首都图书馆书库中找到一张地图,查出当时在汉语里这个城市叫买卖城,即今天的乌兰巴托。翻译的过程很艰辛,类似的问题应该很多。为了准确理解和翻译巴枯宁和马克思之间论战的一些段落,任允正还参阅了马克思全集的相关内容。"40多年了,我像过电影似的,很多事情需要推算。年轻的时候有写日记的习惯,后来'文化大革命'办公室被抄,不敢写了,因此记忆都比较模糊了。"

但无论历经多少人世变幻,陈之骅这个名字却一直深深地烙印在任允正的心中。因为这是他在翻译这本书的过程中要特别感谢的一个人。据任允正回忆,当时因为翻译过程中很多问题搞不明白,正好所里有位女同事陈绥也是留苏学法律的,"文革"后她先是到了世界历史所,后来调到法学所,热心的陈绥帮他联系自己在世界历史所的同事陈之骅,将任允正列出的翻译难题转交给陈之骅。"过了一段时间,陈之骅给我做了一大摞卡片(大约五六十张),写得工工整整的,把我的那些疑问都给解决了。"任允正说,当时他对陈之骅一点也不了解,更谈不上认识。他感到遗憾的是,自己至今和对方也没见过面,更没有表示过感谢。

由于陈之骅的帮助,任允正的翻译得以顺利完成,译完后和马骧聪、韩延龙再互相校对,然后向商务交稿。"这本书在我一生中就是一个小浪花,没占我太多的时间和精力。但是这本书在我的翻译生涯中,它的难度和深度,如何解决翻译中的难题,给我印象很深,而且令我受益匪浅。"任允正说,如果这本书由陈之骅来翻译,应该比他们三个人翻译得好。这之后,任允正一直很关注陈之骅,上网搜索了解对方的情况,"注意到他写了很多关于苏联解体的文章,对俄国历史有一定的研究"。

因为老先生关于巴枯宁这本书没有谈出更多的内容,离预期的成稿效果尚有距离,我迟迟没有动笔,而老先生也似乎清楚这一情况,从未询问过我采访稿的事情。某一天我突然想到,何不联系陈之骅谈谈当年参与帮助翻译的经历,虽然这是计划外的采访,一则这部分的内容可充实采访主题,同时也由此揭示一段不为人知的学界往事,不失为一件有意义的事情。于是我上网查询陈之骅的信息,据百度介绍,陈之骅1959年毕业于苏联列宁格勒大学,曾在中国人民大学国际政治系、马列主义发展史研究所任教。1978年调中国社会科学院世界历史研究所工作。学术专长为俄苏历史。2001年被授予国际欧亚经济科学院院士称号。随后我辗转打听到陈之骅先生的联系方式,但当我打通对方电话,叙说上述往事之后,陈之骅先生却矢口否认,坚称自己从未有过这一段经历。

我将陈之骅的电话告诉了任允正,他们电话交流的详情我没有细问任先生,但确凿的结果是,几十年前帮忙做卡片的人不是陈之骅,而是另有其人。当年的那一摞卡片,任允正因数次搬家早已遗失,从中牵线的陈绥也已谢世多年,这个幕后英雄是谁,成为历史的谜题。

采访陈之骅的计划落空,不甘心的我又想争取采访马骧聪,完成这篇访谈,但商务负责该书的洪霞编辑在多次联系马骧聪后,告诉我老先生无论是口头还是笔头交流都非常困难(据最新消息,马骧聪先生已于2024年4月6日逝世)。这之后我几乎放弃了这篇采访稿。2023年上半年这一系列访谈告一段落时,却总是迟迟下不了决心删掉电脑中"任允正"文件夹中的所有相关资料。或许在我,这篇未能完成的采访稿已成为一个小小的心结。这次听到老先生(后来从法学所人事处获悉,具体时间为2023年7月7日)离世的消息后,我终于下定决心要写出这篇采访稿。

就像任先生说的那样,参与翻译巴枯宁的《国家制度和无政府状态》只是他人生长河中的一朵小小的"浪花"。早在进法学所工作之初,他和吴建璠、吴大英等人受所长张友渔的委派,在图书资料室翻译国外法学资料。"文革"期间他从河南干校回所,和马骧聪一起被安排进编译室,参与中国社会科学院(前身为中国科学院哲学社会科学部)三大译丛之一的《法学译丛》(另外两个为《哲学译丛》和《经济学译丛》。《法学译丛》现更名为《环球法律评论》)的编辑工作,后来接替潘汉典任主编。上世纪70年代,他和马骧聪又潜心研究环境保护法。1977年10

月,他们参加了环保部门提出的环境保护法初稿讨论,参与了我国第一部环保法——《中华人民共和国环境保护法(试行)》的起草工作。此外,还编译出版了我国首部《外国环境保护法规选编》。后来,他又转向立法制度研究,先后出版《比较立法学》(与吴大英合著)、《独联体国家宪法比较研究》等著作。

那天一进任先生家里,老先生就带我参观他的书橱,一大排书脊发黄的大开本杂志是《法学译丛》,个人专著以及和同事的合著也分门别类放在不同的位置。老先生身体健朗,独自一人生活。老伴去世多年,儿子在国外,此前曾计划和儿子一家团聚,后来疫情暴发,本就对去国外生活兴趣不大的他就此打消了这一念头。那些打好包的行李我去的时候还大箱小箱的堆在那儿,他也懒得再重新归置。觉得孤单时,他偶尔会到胡同里修自行车的师傅那儿聊会儿天。生活上的必需品主要靠网购,无论是生活用品还是食品,他都偏爱买俄罗斯出产的。在情感上,他早已把苏联当作第二故乡。"苏联人民很朴实,对中国人非常友好。"他一直记得当年在莫斯科红场对面百货大楼遇到的一位老太太,因为丈夫曾作为专家来华工作,随行来华的老太太因此对中国人也特别有感情。这之后的几年里,老太太把他当成自己的孩子,每逢过年过节,都会邀请任允正去她家里。

那天采访结束,任先生执意要送我一些俄罗斯的小点心,见我推辞,连说网购量大,自己一个人吃不完。这之后,我时不时会收到老先生发来的一些关于疫情动态的链接,惭愧的是,我在工作和各种生活琐事中常常疏于回复和问候老先生。如今翻看和老先生的微信记录,最后一条永远静止在2023年3月19日。

最后，需要说明的是，根据我们的采访程序，完成稿件后会请对方审阅，确认无误后再刊发。如今，斯人已逝，"审阅"已无可能，如文稿中有任何错谬的地方，还请读者多多涵谅。

（原载《中华读书报》2024年4月10日第7版）

任允正（1934—2023），中国社会科学院法学研究所研究员，1954—1959年在苏联莫斯科大学法律系学习，获得学士学位，1959年进入法学所工作至退休。翻译的"汉译名著"作品为《国家制度和无政府状态》（与马骧聪、韩延龙合译）。